ALBERTO MARTÍN COSTA

ESTRUCTURA I PLANIFICACIÓ D'UNA TEMPORADA EN EL FUTBOL BASE D'UN CLUB D'ELIT

©Copyright: Alberto Martín Costa
©Copyright: De la presente Edición, Año 2019 WANCEULEN EDITORIAL

Títol: ESTRUCTURA I PLANIFICACIÓ D'UNA TEMPORADA EN EL FUTBOL BASE D'UN CLUB D'ELIT
Autor: ALBERTO MARTÍN COSTA

Dibuixos: Vicent Martín Costa

Editorial: WANCEULEN EDITORIAL
Sello Editorial: WANCEULEN EDITORIAL DEPORTIVA
Colección: WANCEULEN FÚTBOL FORMATIVO

ISBN (PAPEL): 978-84-9993-997-1
ISBN (EBOOK): 978-84-9993-998-8

Depósito Legal: SE 688-2019

Impreso en España. 2019

WANCEULEN S.L.
C/ Cristo del Desamparo y Abandono, 56 - 41006 Sevilla
Dirección web: www.wanceuleneditorial.com y www.wanceulen.com
Email: info@wanceuleneditorial.com

Reservados todos los derechos. Queda prohibido reproducir, almacenar en sistemas de recuperación de la información y transmitir parte alguna de esta publicación, cualquiera que sea el medio empleado (electrónico, mecánico, fotocopia, impresión, grabación, etc.), sin el permiso de los titulares de los derechos de propiedad intelectual. Cualquier forma de reproducción, distribución, comunicación pública o transformación de esta obra solo puede ser realizada con la autorización de sus titulares, salvo excepción prevista por la ley. Diríjase a CEDRO (Centro Español de Derechos Reprográficos, www.cedro.org) si necesita fotocopiar o escanear algún fragmento de esta obra.

Als meus pares, per haver-me criat en aquesta atmosfera meravellosa anomenada família, a la qual dec tot el que sóc ara.

A la meva esposa Marta, i al meu fill Pol, per comprendre'm i acompanyar-me pacientment en la meva marxa pels camps de futbol.

A Arturo, el meu ajudant, la veu de la meva consciència en entrenaments i partits, temporada rere de temporada.

I a tots els jugadors i col·laboradors amb els quals durant aquests dinou anys de professió com a entrenador he tingut el gust de coincidir.

A. Martín

PRÒLEG

Abans de res vull agrair a l'Alberto l'oportunitat que em brinda d'escriure unes lletres en el pròleg del seu llibre. Obra que és el resultat de moltes hores de treball i un document dedicat als professionals que d'una forma o una altra estem relacionats amb el món de l'entrenament esportiu i en concret amb el del futbol. Aquest document ens ofereix una planificació i estructura de l'entrenament i formació del jove jugador al llarg de la seva vida esportiva.

Tots aquells professionals que ens dediquem a l'entrenament dels esports col·lectius, coneixem la dificultat de planificar i estructurar totes aquelles àrees que engloben al futbol. En aquest cas l'autor després d'una exhaustiva revisió bibliogràfica i la seva llarga experiència com a entrenador i preparador físic, ens mostra en el seu llibre una visió a nivell metodològic amb els seus diferents objectius i continguts.

Després de 17 anys com a professional sempre he arribat a la conclusió que és imprescindible que un club de futbol tingui un model de treball estructurat i planificat per edats i així poder garantir al jugador una formació i preparació adequada a la seva edat i anar complint uns objectius marcats.

La veritat és que en la bibliografia actual hi ha pocs llibres que ens ajudin a realitzar el nostre model de club amb l'exigència i rigor com el qual tenim a les nostres mans, on trobem detallats tots els aspectes importants a tenir en compte per a la formació d'un jugador de futbol.

Aquest treball, rigorós i ambiciós, ens aporta les bases metodològiques i conceptuals, així com la seva aplicació a l'entrenament tècnic, tàctic, físic i psicològic en el futbol formatiu. Aquest llibre ajudarà i serà de vital importància a aquells coordinadors per realitzar la seva feina.

Vull aprofitar l'ocasió per animar a l'Alberto a què continuï amb les seves inquietuds entorn de la millora del rendiment esportiu, ja que sens dubte, la seva aportació a la literatura científica en el futbol ens fa enriquir la nostra pròpia experiència personal i professional.

Jordi García García
Ex-Preparador Físic del Deportivo Alavés S.A.D.
(primera divisió), Unión Deportiva Almería
(segona divisió "A"), Real Madrid C.F. (1ª divisió) i
Club Atlético de Madrid S.A.D. (primera divisió)

ÍNDEX

1. **Introducció** 15
2. **Objectius de treball** 17
   2.1. Objectiu general 17
   2.2. Objectius generals d'àrea....................................... 18
   2.3. Objectius específics d'àrea.................................... 19
      2.3.1. Àrea tècnica. 19
      2.3.2. Àrea tàctica 19
      2.3.3. Àrea de condició física. 19
      2.3.4. Àrea de treball psicològic. 20
3. **Continguts** 21
   3.1. Continguts de l'àrea tècnica................................... 21
   3.2. Continguts de l'àrea tàctica.................................... 22
   3.3. Continguts de l'àrea de condició física.................. 26
   3.4. Continguts de l'àrea de preparació psicològica 27
4. **Metodologia**... 29
   4.1. Àrea tècnica 29
      4.1.1. Activitats per mantenir la possessió 32
      4.1.2. Activitats per progressar 37
      4.1.3. Activitats per finalitzar 41
      4.1.4. Tecnificació 44
   4.2. Àrea tàctica 45
      4.2.1. Futbol 7 46
         4.2.1.1. Atac 47
            4.2.1.1.1. Posició ofensiva 47
            4.2.1.1.2. Transició.. 47
            4.2.1.1.3. Zones de joc.. 48
            4.2.1.1.4. Fonaments ofensius............................ 49
            4.2.1.1.5. Rondo tàctic en zona 1 49
            4.2.1.1.6. Rondo tàctic en zona 2 50
            4.2.1.1.7. Rondo tàctic en zones 1 i 2 50
            4.2.1.1.8. Acció combinada................................ 51
         4.2.1.2. Defensa 51

- 4.2.1.2.1. Posició defensiva 51
- 4.2.1.2.2. Fonaments defensius 52
- 4.2.1.2.3. Situació defensiva 1x1 + porter 52
- 4.2.1.2.4. Situació defensiva 1x2 + porter 53
- 4.2.1.2.5. Situació defensiva 2x2 + porter 53
- 4.2.1.2.6. Situació defensiva 2x3 + porter 54
- 4.2.1.3. Estratègia 54
  - 4.2.1.3.1. Córners a favor 54
  - 4.2.1.3.2. Córners en contra 55
  - 4.2.1.3.3. Faltes a favor en la vora de l'àrea 56
  - 4.2.1.3.4. Serveis de banda 56
- 4.2.2. Futbol 11 57
  - 4.2.2.1. Atac 58
    - 4.2.2.1.1. Posició ofensiva (PO) 58
    - 4.2.2.1.2. Transició 58
    - 4.2.2.1.3. Zones de joc 59
    - 4.2.2.1.4. Filosofia del joc d'atac 59
    - 4.2.2.1.5. Estructura 2 59
    - 4.2.2.1.6. Fonaments ofensius 59
    - 4.2.2.1.7. Exercicis globals 61
    - 4.2.2.1.8. Rondo tàctic en zones 1 i 2 61
    - 4.2.2.1.9. Rondo tàctic en zona 2 62
    - 4.2.2.1.10. Rondo tàctic en zones 2 i 3 63
    - 4.2.2.1.11. Rondo tàctic en zones 1, 2 i 3 63
    - 4.2.2.1.12. Jugades d'atac organitzat 64
    - 4.2.2.1.13. Contraatacs 69
  - 4.2.2.2. Defensa 71
    - 4.2.2.2.1. Filosofia 71
    - 4.2.2.2.2. Posició defensiva (PD) 72
    - 4.2.2.2.3. Fonaments defensius 74
    - 4.2.2.2.4. Treball de cobertura i permuta 75
    - 4.2.2.2.5. Treball 1x1 76
    - 4.2.2.2.6. Treball 2x1 76
    - 4.2.2.2.7. Treball 3x2 77
    - 4.2.2.2.8. Treball 4x3 78
    - 4.2.2.2.9. Treball 6x4 78
    - 4.2.2.2.10. Treball 8x6 79
    - 4.2.2.2.11. Treball 10x8 80

- 4.2.2.2.12. Posició de l'equip respecte a la pilota 80
- 4.2.2.2.13. Flexing de seguretat 83
- 4.2.2.2.14. Vigilàncies 84
- 4.2.2.3. Estratègia 85
  - 4.2.2.3.1. Córners a favor 85
  - 4.2.2.3.2. Córners en contra 87
  - 4.2.2.3.3. Faltes en la vora de l'àrea 88
  - 4.2.2.3.4. Faltes en zona 3 escorades 90
  - 4.2.2.3.5. Faltes de jugada 91
  - 4.2.2.3.6. Estratègia defensiva davant pilotes aèries 91
  - 4.2.2.3.7. Serveis de banda en zona 3 92
  - 4.2.2.3.8. Servei de centre 94
- 4.2.2.4. Valoració de la tàctica 94
- 4.3. Àrea de condició física 95
  - 4.3.1. Resistència 95
  - 4.3.2. Força 101
  - 4.3.3. Velocitat 107
  - 4.3.4. Flexibilitat 111
  - 4.3.5. Valoració de la condició física 114
- 4.4. Àrea de preparació psicològica 117
  - 4.4.1. Sociograma 118
  - 4.4.2. Sistema d'avaluació conductual dels entrenadors (SECE/CBAS) 122
  - 4.4.3. Qüestionari de característiques psicològiques relacionades amb l'alt rendiment esportiu (CPRD) 125
  - 4.4.4. Ajuda en la recuperació de lesions 132
  - 4.4.5. Actuació als entrenaments 135
    - 4.4.5.1. Normes de comportament 135
    - 4.4.5.2. Motivació 136
    - 4.4.5.3. Preparar partits 137
    - 4.4.5.4. Entrevistes i reunions amb els jugadors ... 137
    - 4.4.5.5. Número de jugadors a la plantilla 139
    - 4.4.5.6. Relaxació autògena de Schultz i visualització 140
    - 4.4.5.7. Entrenament psicològic al camp: tasques pràctiques 142
  - 4.4.6. Actuació als partits 148

       4.4.6.1. Actuació en els moments previs a la competició 148
       4.4.6.2. Actuació durant el partit 152
       4.4.6.3. Actuació desprès del partit 153

5. **Estructura del futbol base** 155
   5.1. Equips de la secció de futbol base 155
   5.2. Organigrama i recursos humans 157

6. **Seqüenciació de continguts** 167
   6.1. Àrea tècnica 167
      6.1.1. Benjamins 171
      6.1.2. Alevins 172
      6.1.3. Infantils 173
      6.1.4. Cadets 174
      6.1.5. Juvenils 175
   6.2. Àrea tàctica 176
      6.2.1. Benjamins 178
      6.2.2. Alevins 179
      6.2.3. Infantils 180
      6.2.4. Cadets 182
      6.2.5. Juvenils 184
   6.3. Àrea de condició física 186
      6.3.1. Benjamins 188
      6.3.2. Alevins 188
      6.3.3. Infantils 189
      6.3.4. Cadets 190
      6.3.5. Juvenils 191
   6.4. Àrea de preparació psicològica 192
      6.4.1. Benjamins 193
      6.4.2. Alevins 194
      6.4.3. Infantils 195
      6.4.4. Cadets i juvenils 196

7. **Planificació** 197
   7.1. Model de planificació 197
      7.1.1. Àrea tècnica 197
      7.1.2. Àrea tàctica 197
      7.1.3. Àrea de condició física 198
      7.1.4. Àrea psicològica 198

- 7.2. Planificació per categories 200
  - 7.2.1. Benjamins 200
    - 7.2.1.1. Model de microcicle 200
    - 7.2.1.2. Model de planificació 200
  - 7.2.2. Alevins 203
    - 7.2.2.1. Model de microcicle 203
    - 7.2.2.2. Model de planificació 203
  - 7.2.3. Infantils 207
    - 7.2.3.1. Model de microcicle 207
    - 7.2.3.2. Model de planificació 207
  - 7.2.4. Cadets 211
    - 7.2.4.1. Model de microcicle 211
    - 7.2.4.2. Model de planificació 211
  - 7.2.5. Juvenils 215
    - 7.2.5.1. Model de microcicle 215
    - 7.2.5.2. Model de planificació 215
8. **Bibliografia** 219

1. Introducció.

La dificultat per formar jugadors de màxim nivell fa que la secció del futbol base dels clubs hagi d'estar cada vegada més professionalitzada. Però, com demostra l'experiència, no n'hi ha prou amb contractar a una sèrie de professionals contrastats. Cal que en l'estructura del futbol base subjeguin dos conceptes clau: organització i planificació.

La secció de futbol base d'un club ha d'organitzar-se de manera que quedin cobertes totes les necessitats del futbolista per a la seva formació integral. I aquestes necessitats s'estenen a tots els factors que proporcionen el rendiment a un jugador de futbol: el tècnic, el tàctic, el físic i el psicològic. Sovint la preparació que rep el jugador queda "coixa", al no contemplar-se amb suficient consideració algun d'aquests factors, freqüentment l'últim. És necessari comptar amb especialistes en totes i cadascuna d'aquestes àrees, cosa que no sempre succeeix. Però tan important és poder disposar de bons professionals, com que cadascun tingui clares les seves funcions, concretes, i que aquestes no es solapin o destorbin. Això pot ocórrer si els responsables de cada àrea treballen en el seu àmbit de forma aïllada sense conèixer ni tenir en compte els altres factors del rendiment. És aquí on apareix el primer dels conceptes esmentats: el d'**organització**. En efecte, de poc serveix disposar dels millors entrenadors, preparadors físics i psicòlegs si no existeix una adequada organització, amb una clara delimitació de funcions i responsabilitats.

Però encara diré més: no n'hi ha prou amb això, doncs és necessari que existeixi un "pla de treball", és a dir, que estigui clarament establert el que cal fer a cada àrea, i en quin moment de la temporada i de la formació del jugador ha d'aplicar-se. Emergeix aquí l'altre concepte fonamental: el de **planificació**. Existeixen molts clubs, alguns amb importants recursos en el seu futbol base, en els quals pot afirmar-se amb rotunditat que no existeix planificació, doncs no està desenvolupat aquest pla de treball del que he parlat. En aquests casos, el desaprofitament dels recursos és una constant, quedant la formació dels jugadors a la deriva, esperant que un entrenador competent encerti amb una plantilla, o que un jugador amb un gran potencial genètic arribi al primer equip, degut més a les seves qualitats que a la formació rebuda.

Com a resultat d'aquest raonament, és inevitable parlar de la figura que ha d'aconseguir que el futbol base d'un club estigui organitzat i planificat: el **coordinador**. Aquest serà el responsable que tot marxi, creant una estructura i una filosofia de treball. I, quin dubte hi cap, el club haurà d'encertar en la seva elecció, doncs estarà a les seves mans el futur del club quant al proveïment de jugadors de nivell de la pedrera al primer equip.

En aquesta obra, fruit del treball final del "Máster en Alto Rendimiento Deportivo del Comité Olímpico Espanyol", que va ser tutoritzat pel professor Fernando Navarro Valdivielso, es pretén mostrar com ha d'estructurar-se aquesta secció en un club de futbol de màxim nivell i la planificació del treball a realitzar en una temporada en cadascuna de les seves categories. És per això que és un llibre dedicat no només a entrenadors, sinó també a coordinadors.

Així, aquest llibre es compondrà dels següents apartats:

- objectius a aconseguir a la secció de futbol base, ja sigui a nivell general, específic o operatiu,

- continguts mitjançant els quals s'aconseguiran els objectius proposats,

- metodologia emprada per a l'ensenyament dels continguts a cada àrea,

- estructura del futbol base, apartat en el qual es concretarà el nombre d'equips en cada categoria d'edat, i organigrama de la secció de futbol base del club, on s'indicaran les competències de cadascun dels components del personal tècnic,

- seqüenciació dels continguts de cada àrea en funció de l'edat dels jugadors,

- planificació, per categories, dels continguts relatius:
    o a la condició física,
    o a la tècnica,
    o a la tàctica,
    o al treball psicològic.

2. Objectius de treball.

2.1. OBJECTIU GENERAL.

L'objectiu general és "formar jugadors vàlids per al primer equip".

És evident que els resultats en el primer equip han de prevaler sobre la resta, per la qual cosa no podem pretendre imposar que un nombre determinat de jugadors del filial pugi al primer equip cada any. Això dependrà de la situació actual en la qual es trobi el primer equip, de les seves necessitats, i, per què no dir-ho, dels gustos dels seus tècnics.

Però l'instrument amb el qual podem mesurar si estem complint l'objectiu general de formar jugadors vàlids per al primer equip ho tenim en el segon equip: un club d'elit (i per tant, de 1ª o 2ª divisió "A") ha de tenir el segon equip o "filial" en segona divisió "B" o en 3ª divisió, perquè el "salt" que donen els jugadors quan pugen al primer equip no sigui excessiu. Si el filial aconsegueix, amb jugadors joves, mantenir la categoria en la qual es troba, és fàcil que en ell puguem trobar jugadors que, amb una mica més d'experiència, tinguin el suficient nivell com per poder jugar en el futbol de màxim nivell. Però perquè sigui realment el futbol base del club el que "nodreixi" de jugadors al primer equip, és necessari que el segon equip estigui compost pràcticament íntegrament per jugadors procedents del futbol base del club.

Per això es proposa que, cada temporada, passin com a mínim 5 jugadors del juvenil "A" al segon equip, on els jugadors podran romandre com a màxim fins als 23 anys. Si a aquesta edat el jugador no ha interessat als tècnics del primer equip, se li buscarà una sortida del club, traspassant-ho o cedint-ho a un altre club.

Amb aquesta reflexió he intentat justificar la necessitat de tenir un futbol base com més potent millor. A més, cal tenir en compte que, en principi, costarà menys diners al club pagar a un jugador format a la casa que fitxar a un altre de fora.

Encara que sembli obvi, el fet de pensar que els jugadors que es fitxen per al futbol base han d'arribar al primer equip comporta una sèrie de conseqüències. La primera d'elles és que els equips han d'estar en les màximes categories ja des de les edats més petites. I per a això han de fitxar-se jugadors competitius. No és tan freqüent en primera divisió, però es dóna el cas, en equips de 2ª Divisió "A", que el nivell del futbol base no es correspon amb el del primer equip, i juga en categories de nivell molt inferior, enfrontant-se a equips de barri. En aquestes circumstàncies, és molt difícil crear les condicions perquè els jugadors puguin arribar a ser algun dia professionals. Una altra conseqüència és que, si pretenem dur a terme un treball seriós amb els nostres jugadors, haurem de posar-los en mans de professionals, i això implica la necessitat de tenir un pressupost proporcionat destinat al futbol base.

2.2. OBJECTIUS GENERALS D'ÀREA.

Per aconseguir l'objectiu general, centrarem el nostre treball en quatre àrees, que donen lloc a quatre objectius d'àrea:

♦ progressar en el domini de la tècnica fins al màxim de les seves possibilitats genètiques,

♦ inculcar al jugador uns patrons de joc que li permetin adaptar-se amb posterioritat a qualsevol sistema de joc en l'etapa professional,

♦ dotar a l'esportista d'una condició física específica per al futbol d'alt rendiment,

♦ adquirir hàbits i dominar tècniques psicològiques de control emocional.

2.3. OBJECTIUS ESPECÍFICS D'ÀREA.

Dins de cada àrea ens plantejarem diversos objectius per aconseguir l'objectiu general de cadascuna d'elles.

2.3.1. Àrea tècnica.

En aquesta àrea ens proposarem tres objectius:

- aconseguir el màxim nivell possible en les accions tècniques de progressió amb la pilota,
- aconseguir el màxim nivell possible en les accions tècniques de passada de pilota,
- aconseguir el màxim nivell possible en les accions de tir.

2.3.2. Àrea tàctica.

- Els objectius proposats són:
- entendre i aplicar el sistema de joc 1-4-4-2,
- entendre i aplicar, de forma adequada a cada situació, els principis tàctics ofensius dins del sistema de joc,
- entendre i aplicar, de forma adequada a cada situació, els principis tàctics defensius dins del sistema de joc.

2.3.3. Àrea de condició física.

Es proposen quatre objectius:

- aconseguir un nivell suficient de resistència bàsica i específica que ens proporcioni el màxim nivell de resistència competitiva,
- aconseguir un nivell suficient de força màxima intramuscular i força elàstic-explosiva que ens permeti rendir al màxim en la competició,

- aconseguir un nivell suficient de velocitat de reacció i de desplaçament que ens proporcioni el màxim nivell de velocitat òptima,

- aconseguir un nivell adequat de flexibilitat que ens permeti prevenir, en la major mesura possible, lesions musculars.

2.3.4. Àrea de treball psicològic.

En aquesta àrea es proposen 4 objectius:

- col·laborar positivament en la formació personal del jugador, especialment en els aspectes que puguin afectar al seu rendiment esportiu,

- millorar sistemàtica i planificadament les capacitats psíquiques implicades en el rendiment, tals com la motivació, l'autocontrol i la concentració,

- estabilitzar el comportament en la competició mitjançant l'adquisició d'hàbits de comportament en l'esportista que li permetin rendir al màxim nivell amb regularitat,

- reestructurar les valoracions i percepcions sota la influència de les quals l'esportista no pot mantenir un ajust adequat entre el seu potencial i les exigències de l'activitat i les condicions de la seva realització.

3. Continguts.

Els objectius anunciats s'aconseguiran a través del treball d'una sèrie de continguts, dins de cada àrea, que es detallen a continuació.

3.1. CONTINGUTS DE L'ÀREA TÈCNICA.

Amb la finalitat de dur a terme una classificació lògica i útil dels elements tècnics, s'han agrupat aquests entorn dels principis (tàctics) generals del joc, ja que, al meu entendre, la tècnica està sempre supeditada a la tàctica, i no pot entendre's la primera fora del context de la segona, especialment si es segueix una <u>metodologia global</u> per al treball tècnic, tal com es veurà més endavant.

Aquests principis del joc són els següents:

- en atac:
    - mantenir la possessió de la pilota,
    - progressar amb la pilota cap a la porteria contrària,
    - finalitzar,
- en defensa:
    - recuperar la possessió de la pilota,
    - evitar la progressió,
    - impedir la finalització.

Per dur-les a terme, el jugador utilitzarà diferents elements tècnics. La taula nº 1 mostra els continguts tècnics en relació als principis generals del joc. Observi's que en ella estan presents tots els elements tècnics del futbol; per tant, si proposem tasques per a cadascun dels principis generals del joc estarem treballant tots els elements tècnics existents en aquest esport.

Taula nº 1: Continguts tècnics en relació als principis generals del joc.

ATAC		DEFENSA	
PRINCIPIS D'ATAC	**ACCIÓ TÈCNICA UTILITZABLE**	**PRINCIPIS DE DEFENSA**	**ACCIÓ TÈCNICA UTILITZABLE**
MANTENIR LA PILOTA	Passada	RECUPERAR LA PILOTA	Entrada
	Control		Tackle
	Habilitat		Interceptació
	Relleu		Càrrega
	Colpeig amb el peu		
	Colpeig amb el cap		
	Tackle		
PROGRESAR	Conducció	EVITAR LA PROGRESIÓ	Entrada
	Regat		Tackle
	Finta		Interceptació
	Passada		Càrrega
			Rebuig
FINALITZAR	Tir	IMPEDIR LA FINALITZACIÓ	Entrada
			Tackle
			Interceptació
			Càrrega
			Rebuig

3.2. CONTINGUTS DE L'ÀREA TÀCTICA.

Per treballar la tàctica en el futbol base els clubs trien entre tres filosofies o formes de treballar totalment diferents:

♦ en primer lloc, el club pot treballar amb total autonomia dels entrenadors, que utilitzaran el sistema i model o filosofia de joc que considerin oportú. Aquesta forma de treballar la tàctica, molt utilitzada en clubs modests, però sovint també en clubs d'un cert nivell, té l'avantatge que pot començar a funcionar fàcilment sense cap treball previ de planificació per part de la direcció esportiva, simplement n'hi ha prou amb encertar a contractar un entrenador competent per a cada equip. A més, els jugadors coneixeran, durant la seva estada en el futbol base, diferents formes d'entendre el joc en funció de cada entrenador. Però també té l'inconvenient que no estem educant al jugador en un sentit determinat, ni li estem ensenyant una filosofia de joc, doncs simplement aquesta no existeix. A més, sovint ocorre que dos entrenadors poden entendre el joc de manera diametralment oposada, podent produir confusions en els jugadors,

- una altra forma de treballar l'àrea tàctica és basant-se en els principis de joc, utilitzada habitualment a les escoles de futbol. Així, la direcció tècnica realitza una ordenació de tots els conceptes tàctics existents, seqüenciant-los en funció de les edats per buscar una progressió en l'aprenentatge del jugador, i planificant la seva aplicació al llarg de la temporada. L'avantatge d'aquesta manera de treballar és que, d'una banda ens assegurem que els jugadors treballin tots els aspectes tàctics, i per un altre, que els entrenadors comparteixen obligatòriament una filosofia de treball, aplicant-la a cada edat. Quant a inconvenients, cal tenir en compte que en treballar entorn de conceptes tan concrets del joc, correm el risc d'allunyar-nos de la realitat global del mateix, caient en la indefinició, al no haver-hi una idea clara de com ha de jugar-se. A més, el disseny d'una planificació sobre la base dels principis del joc és un procés llarg i laboriós, que requereix de professionals altament qualificats perquè aquesta sigui efectiva,

- finalment, es pot treballar la tàctica entorn d'un model de joc, que inclou tant sistema com a filosofia de joc. Aquesta forma de treballar sol utilitzar-se en els clubs de futbol base de màxim nivell. Tots els equips de la pedrera segueixen aquest model de joc, i és dins d'aquest on el jugador aprendrà tots els conceptes del joc. Els avantatges d'aquesta manera de treballar estan en què ens assegurarem la formació de jugadors específics per a cada posició, doncs estan molt clares les funcions de cada jugador dins del model de joc, i d'altra banda en què la idea de com ha de jugar-se està clarament delimitada tant per als entrenadors com per als jugadors.

Lògicament, aquesta forma de treballar també té inconvenients, el primer dels quals és el costós que és dissenyar el model de joc i la seva planificació, la qual cosa inclou la necessitat de dur a terme una formació dels tècnics per explicar-los el model de joc, que no només consisteix a utilitzar un determinat sistema de joc, i la seva metodologia. Un altre inconvenient és el dubte existent de si jugadors sotmesos durant anys a una formació tan específica a nivell tàctic sabran després rendir al mateix nivell amb un altre model de joc.

En aquest llibre s'ha pres la decisió d'aplicar aquesta última opció de treball, ensenyant els principis tàctics al jugador a través de l'aplicació d'un mateix sistema de joc per a tots els equips, a excepció dels més petits, doncs aquests juguen a Futbol 7. Això sí, encara que el sistema de joc sigui el mateix per a totes les edats, s'ha aplicat una progressió dins del mateix, de menor a major complexitat en funció de la categoria. Malgrat els inconvenients que pugui presentar aquesta forma de treballar la tàctica, crec que aquests es poden esmenar en un club de màxim nivell, doncs es disposaran de mitjans per a la formació dels tècnics, i a més crec fermament que si el programa de treball està ben dissenyat el jugador rebrà una formació tàctica, en la qual treballarà tots els conceptes del joc, que li permetrà adaptar-se posteriorment a qualsevol sistema de joc.

La taula nº 2 mostra tots els principis tàctics existents en el futbol, tant ofensius com a defensius, que d'una o una altra manera es treballaran quan apliquem el sistema de joc.

Taula nº 2: Principis tàctics del futbol.

PRINCIPIS OFENSIUS	Desmarcatges
	Atacs
	Contraatacs
	Desdoblaments
	Espais lliures
	Recolzaments
	Ajuts permanents
	Parets
	Temporitzacions
	Càrrega
	Conservació/control de la pilota
	Ritme de joc
	Canvis de ritme
	Canvis d'orientació
	Velocitat en el joc
	Progressió en el joc
	Vigilància
PRINCIPIS DEFENSIUS	Marcatges
	Replegaments
	Cobertures
	Permutes
	Desdoblaments
	Ajuts permanents
	Vigilància
	Temporitzacions
	Càrrega
	Anticipació
	Interceptació
	Pressing

3.3. CONTINGUTS DE L'ÀREA DE CONDICIÓ FÍSICA.

En aquesta àrea els continguts s'agrupen en quatre apartats, corresponents a les quatre capacitats físiques motrius:

- ⊠ resistència,
- ⊠ força,
- ⊠ velocitat, i
- ⊠ flexibilitat.

La taula nº 3 indica els continguts a treballar dins de cada capacitat física.

Taula nº 3: Continguts de l'àrea de condició física.

CAPACITAT FÍSICA MOTIU	CONTINGUTS A TREBALLAR
RESISTÈNCIA	AER AEL-AEG CAE-PAE CAL-PLA RC
FORÇA	AFG FM FM/FE FEE
VELOCITAT	VR VD VO
FLEXIBILITAT	FLE FLD

AER: aeròbic de recuperació
AEL-AEG: aeròbic lipolític-aeròbic glucolític
CAE-PAE: capacitat aeròbica-potència aeròbica
CAL-PLA: capacitat alàctica-potència làctica
RC: resistència competitiva
CFG: condicionament físic general
FM: força màxima

FM/FE: força màxima i força explosiva
FEE: força elàstic-explosiva
VR: velocitat de reacció
VD: velocitat de desplaçament
VO: velocitat òptima
FLE: flexibilitat estàtica
FLD: flexibilitat dinàmica

3.4. CONTINGUTS DE L'ÀREA DE PREPARACIÓ PSICOLÒGICA.

En aquest apartat abordarem les habilitats psicològiques bàsiques, que són quatre:

- concentració,
- control del nivell d'activació,
- capacitat d'imaginació (visualització)
- motivació.

4. Metodologia.

4.1. ÀREA TÈCNICA.

Aquests continguts es treballaran bàsicament amb una metodologia global. Justifico aquesta manera de treballar pels següents motius:

- en primer lloc, no crec en la utilitat de la tècnica si aquesta no s'utilitza apropiadament, és a dir, amb l'element tècnic adequat a cada situació; amb la metodologia global ens assegurem que el jugador treballa no solament el mecanisme d'execució, sinó a més el de percepció i anàlisi de la situació, i el de presa de decisions,

- en les primeres edats s'entrena menys temps (en durada de la sessió d'entrenament i en nombre de sessions per setmana), per la qual cosa cal optimitzar el temps de treball. La millor manera de treballar la tècnica i la tàctica en el menor espai de temps és mitjançant el treball global, doncs així s'entrenen tots dos aspectes simultàniament.

Però això no significa que no s'hagi de treballar amb els coneguts *exercicis analítics*. Aquests seran utilitzats, encara que de forma limitada, per perfeccionar determinats gestos tècnics concrets a cada etapa, en el que denominarem entrenament de "tecnificació".

Com es deia en el punt 3.1, he agrupat tots els elements tècnics sobre la base dels principis generals del joc, que són els següents:

- en atac:
    - mantenir la possessió de la pilota,
    - progressar amb la pilota cap a la porteria contrària,
    - finalitzar,

- en defensa:
    - recuperar la possessió de la pilota,
    - evitar la progressió,
    - impedir la finalització.

També s'ha comentat que si es proposen tasques per a cadascun dels principis del joc s'estaran treballant tots els elements tècnics del futbol. Per simplificar l'estructuració dels continguts tècnics encara més, proposo únicament activitats per a cadascun dels principis d'atac doncs, mentre un equip ataca, lògicament hi ha un altre que defensa i ha d'aplicar els principis de defensa. És cert que no existeix una contraposició directa d'objectius, ja que per exemple un equip pot tenir per objectiu defensiu recuperar la possessió, mentre el d'atac està en situació de progressar. No obstant això, en algun moment del joc, l'equip defensor aplicarà de ben segur el principi d'evitar la progressió o impedir la finalització, per la qual cosa està garantit el treball de les accions tècniques defensives implicades en aquests principis.

La taula nº 4 mostra les situacions de joc, classificades segons nivell de dificultat, propostes per treballar cada principi, i per tant els elements tècnics implícits en ell, a més dels defensius. Lògicament, poden afegir-se més situacions, ja siguin noves o variants de les propostes, sempre que es situïn adequadament segons la seva dificultat.

Taula nº 4: Situacions de joc proposades per treballar cada principi.

MANTENIR POSSESSIÓ	PROGRESSAR	FINALITZAR
6x1	1x1 plantar pilota al darrere la línia	1x0+ porter
5x1	1x1+2 pivots exteriors, 2 porteries	1x1+ porter
6x2	1x1+1 pivot, 2 porteries	2x1+ porter
5x1 amb limitació de tocs	2x2+2 pivots exteriors, 2 porteries	3x1+ porter
6x3+1 pivot	2x2+pivot, 2 porteries	3x2+ porter
4x1	1x1, 2 porteries	2x2+ porter
4x1 amb limit. tocs	3x3+2 piv. ext., 2 porteries	4x2+ porter
4x4+4 pivots exteriors	3x3+pivot, 2 porteries	4x3+ porter
6x3+1 pivot, limit. tocs	2x2, 2 porteries	3x3+ porter
4x4+4 piv. exteriors, lim. tocs	4x4+2 pivots exteriors, 2 porteries	4+2 pivots ext. + porter x 4+2 piv. ext.+porter
4x4+2 piv. interiors	4x4+pivot, 2 porteries	4+ porter x 4 + porter + pivot

MANTENIR POSSESSIÓ	PROGRESSAR	FINALITZAR
4x4+2 piv. exteriors	3x3, 2 porteries	4 + porter x 4 + porter
4x1, 1 toc	4+piv.ext. x 4+piv.ext., 4 porteries paral·leles	4+2 piv. ext. + port. x 4+2 piv. ext.+port.,lim. tocs
4x2	4x4+piv., 4 port. paral·leles	4+porter x 4+porter + pivot, limit. de tocs
Joc 4x2, en 2 camps	4x4+pivot, 4 port. en creu	4+porter x 4+porter, limitació de tocs
4x2 lim. tocs	4x4, 2 porteries	4+2 pivots ext.+ porter x 4+2 pivots ext.+ porter, tir només a passada de pivot
Joc 6x3 en 3 camps	4x4+pivot, 2 porteries, amb limit. de tocs	4+2pivots ext. + porter x 4+2pivots ext. + porter, tir sense control previ
6x3+1 pivot, 1 toc	4x4, 4 porteries paral·leles	4+porter x 4+porter + piv., tir sense control previ
4x4+2 pivots interiors, amb limitació de tocs	4x4, 4 porteries en creu	4+ porter x 4+ porter, tir sense control previ
4x4+2 pivots exteriors, amb limitació de tocs	4x4,2 port. amb lim. tocs	4 + 2 pivot ext. + porter x 4 + 2 piv. ext .+ porter, tir sense control previ, amb limitació de tocs
4x4+4 piv. ext, 1 toc	4x4, 4 porteries paral·leles amb limit. de tocs	4 + porter x 4 + porter + pivot, tir sense control previ, amb limitació de tocs
Joc 6x3 en 3 camps, amb limit. tocs	4x4, 4 porteries en creu amb límit de tocs	4 + porter x 4 + porter, tir sense control previ, amb limitació de tocs
	4x4+2 piv. ext., amb 4 port. paral·leles, a 1 toc	

Per tant, no s'estructurarà la tècnica a partir d'elements tècnics, sinó a partir de les "situacions de joc" proposades. A continuació s'explica, amb gràfics quan procedeix, cadascuna d'aquestes situacions dins de cadascun dels principis generals del joc. En la figura nº 1 s'observa la llegenda, amb els símbols que apareixen a partir d'ara en els gràfics.

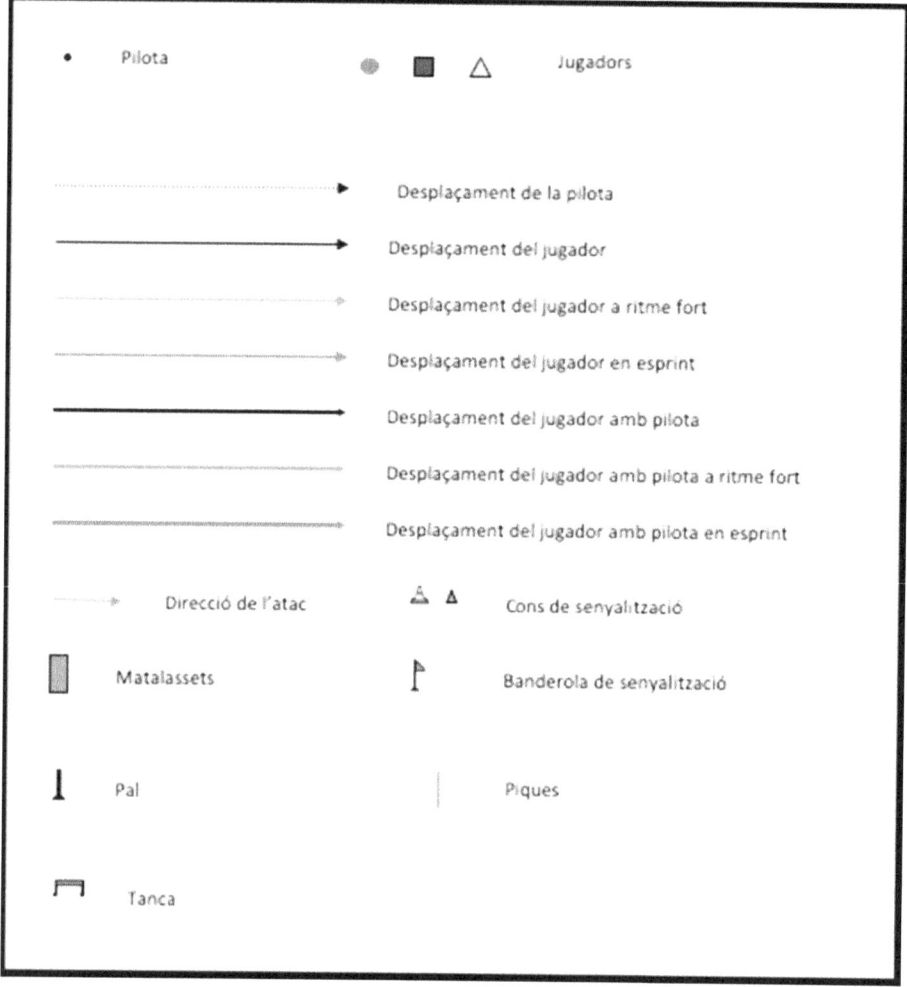

Figura nº 1: símbols emprats als gràfics.

4.1.1. Activitats per mantenir la possessió.

1) 6x1: es tracta d'un simple rondo de 6 contra 1.

2) 5x1: rondo 5x1.

3) 6x2: rondo 6x2.

4) 5x1 amb limitació de tocs: rondo 5x1, a 2 tocs.

5) 6x3+1 pivot: rondo de 6 jugadors en cercle, amb tres defensors i un "pivot" interior que ajuda als posseïdors. La figura nº 2 mostra aquesta activitat.

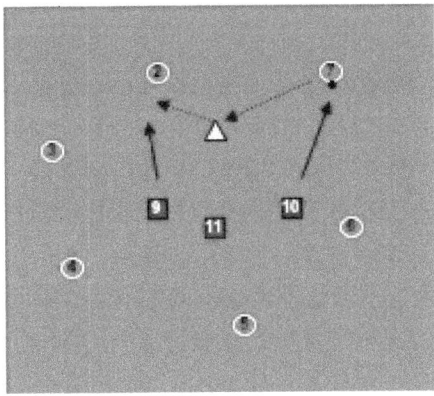

Figura nº 2: activitat 6x3+1 pivot.

6) 4x1: rondo 4x1,

7) 4x1 amb limitació de tocs: rondo 4x1, a 2 tocs màxim,

8) 4x4+4 pivots exteriors: en un terreny de joc juguen 4x4, amb l'ajuda de 4 pivots que, des de fora del camp, ajuden a l'equip posseïdor. Aquests no poden entrar al terreny de joc a per la pilota, ni la resta de jugadors pot sortir a per la pilota. La figura nº 3 mostra aquesta activitat,

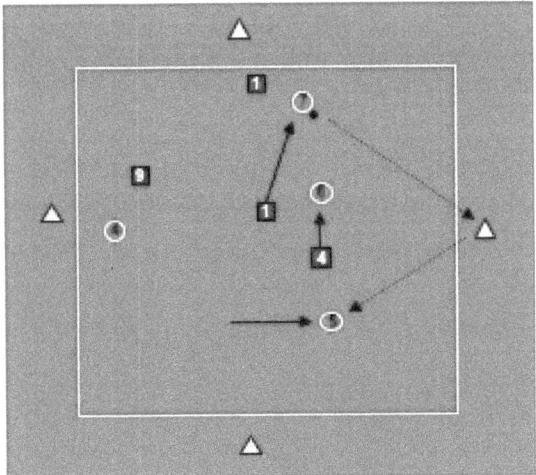

Figura nº 3: joc 4x4+4 pivots exteriors.

9) 6x3+1 pivot, amb limitació de tocs: activitat com la nº 5 però a 2 tocs màxim.

10) 4x4+4 pivots exteriors, amb limitació de tocs: activitat com la nº 8, però amb 2 tocs màxim.

11) 4x4+2 pivots interiors: joc en el qual un equip de 4 jugadors exteriors manté la possessió amb l'ajuda de 2 pivots que es mouen per d'interior, mentre que un altre equip de 4 jugadors intenta recuperar la possessió. Si ho fa s'inverteixen els rols sense detenir el joc. A la figura nº 4 s'observa l'activitat.

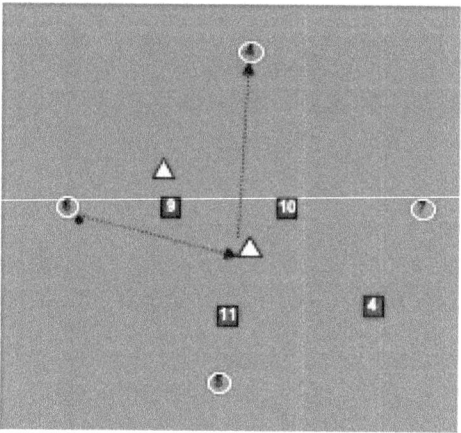

Figura nº 4: activitat 4x4+2 pivots interiors.

12) 4x4+2 pivots exteriors: en aquest cas, tal com s'observa a la figura nº 5, els 2 pivots es col·loquen a l'exterior, i col·laboren amb l'equip posseïdor, qui jugarà amb 2 a l'exterior i 2 al centre, mentre que l'altre equip de 4 defensa.

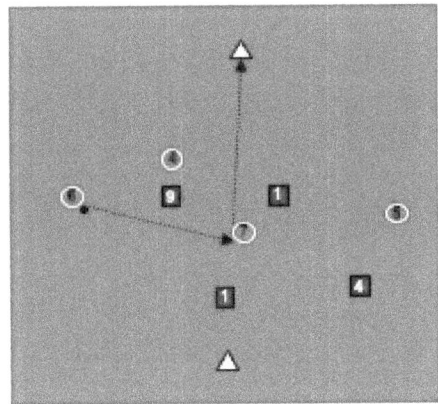

Figura nº 5: activitat 4x4+2 pivots exteriors.

13) 4x1, 1 toc: rondo 4x1 a un sol contacte.

14) 4x2: rondo 4x2.

15) Joc 4x2, en 2 camps: joc en el qual hi ha dos equips de 4 jugadors en 2 camps. Quan un equip es fa amb la pilota, ho envia al seu camp i juguen els seus 4 jugadors contra 2 jugadors de l'altre equip que passen a aquest camp. Aquests, al seu torn, en aconseguir la possessió de la pilota ho porten al seu camp, on ells també tornen per jugar els seus 4 components contra 2 contraris que canvien de camp. Cada vegada que es canvia de camp, l'equip defensor envia a una parella diferent. La figura nº 6 il·lustra aquest joc.

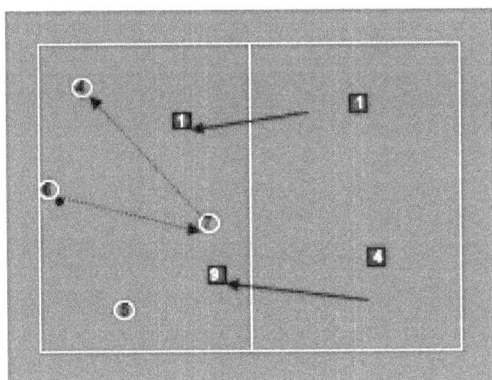

Figura nº 6: activitat 4x2, en 2 camps.

16) 4x2 amb limitació de tocs: rondo 4x2, a 2 tocs com a màxim.

17) Joc 6x3 en 3 camps: com es pot veure a la figura nº 7, hi ha 3 camps, i en cadascun d'ells hi ha un equip de 6 jugadors. L'equip del centre defensa, entrant tan sols 3 jugadors en el camp lateral en el qual es trobi la pilota. Allà juguen 6x3, fins que:

   a. l'equip defensor recuperi la pilota, cas en el qual s'intercanvien els papers, passant l'equip que atacava al centre. El joc es reprèn des de l'altre quadrat, on han d'entrar a defensar 3 jugadors d'aquest nou equip defensor,

   b. l'equip atacant envïi la pilota directament a l'altre camp lateral, cas en el qual, entren a pressionar els altres 3 jugadors de l'equip defensor que estaven esperant. Els 3 jugadors que prèviament havien entrat a defensar passen llavors al camp del centre a esperar.

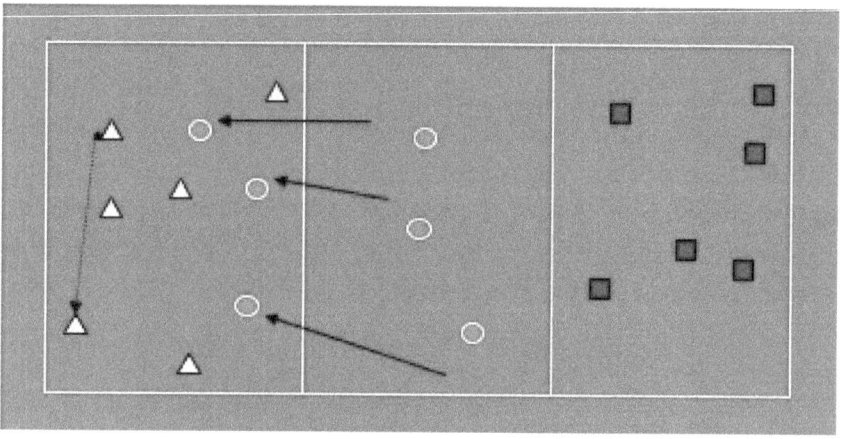

Figura nº 7: joc 6x3, en 3 camps.

18) 6x3+1 pivot, 1 toc: rondo com el nº 5, però a un sol contacte.

19) 4x4+2 pivots interiors, amb limitació de tocs: activitat com la nº 11, però a un màxim de 2 tocs.

20) 4x4+2 pivots exteriors, amb limitació de tocs: activitat com la nº 12, però a un màxim de 2 tocs.

21) 4x4+4 pivots exteriors, a 1 toc: activitat com la nº 8, però a un sol contacte.

22) joc 6x3 en 3 camps, amb limitació de tocs: activitat com la nº 17, però a 2 tocs.

4.1.2. Activitats per progressar.

Cal aclarir que, encara que a la major part d'aquests exercicis hi ha porteries, l'objectiu no és finalitzar, sinó progressar, ja que es tracta de porteries petites, sense porter, i per tant no treballarem tant el tir com l'acció de progressar i aproximar-nos a elles per introduir la pilota.

1) 1x1 plantant la pilota després de la línia: en un camp allargat s'enfronten 2 jugadors, amb l'objectiu fer gol entrant amb la pilota controlada en la línia de fons contrària (figura nº 8).

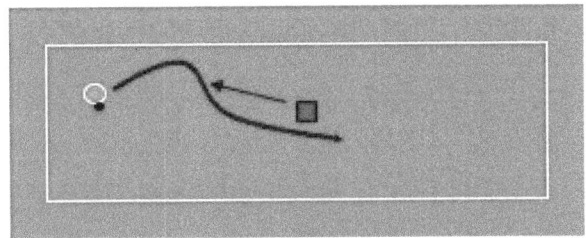

Figura nº 8: activitat 1x1 plantant la pilota al darrere la línia.

2) 1x1+2 pivots exteriors, amb 2 porteries: en aquest cas s'enfronten 2 jugadors que el seu objectiu és aconseguir gol en la porteria contrària, i per això compten amb l'ajut de 2 pivots que es mouen per fora de les línies de banda. La figura nº 9 ho il·lustra.

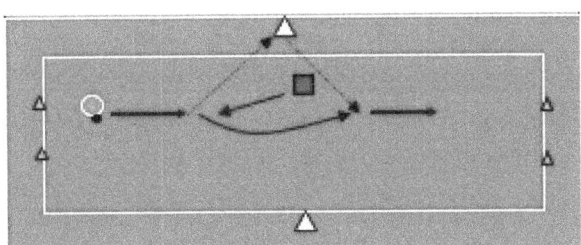

Figura nº 9: activitat 1x1+2 pivots exteriors, amb 2 porteries.

1) 1x1+1 pivot, amb 2 porteries: en aquest cas el pivot es mou per dins del terreny de joc, tal com indica la figura nº 10.

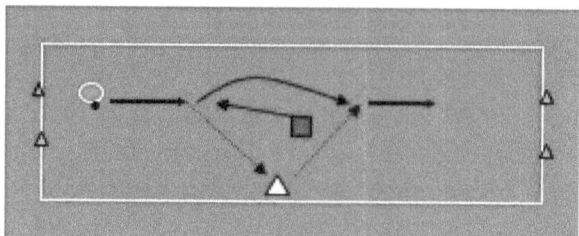

Figura nº 10: activitat 1x1+1 pivot, amb 2 porteries.

3) 2x2+2 pivots exteriors, amb 2 porteries: exercici similar al nº 2, però amb 2 jugadors per equip a l'interior del terreny de joc.

4) 2x2+ pivot, amb 2 porteries: joc 2x2 amb un pivot dins del camp.

5) 1x1, amb 2 porteries: joc 1x1, amb l'objectiu d'aconseguir gol en la porteria contrària.

6) 3x3+2 pivots exteriors, amb 2 porteries: activitat similar a la nº 4, però amb 3 jugadors per equip.

7) 3x3+ pivot, amb 2 porteries: en aquest cas hi ha un sol pivot, que es mou per dins del camp.

8) 2x2, amb 2 porteries: joc 2x2 amb l'objectiu d'introduir la pilota en la porteria contrària.

9) 4x4+2 pivots exteriors, amb 2 porteries: activitat com la nº 7 però amb 4 jugadors per equip.

10) 4x4+ pivot, amb 2 porteries: joc com el nº 8, però amb 4 jugadors per equip.

11) 3x3, amb 2 porteries: es tracta simplement d'un partit entre 2 equips de 3 jugadors amb 2 porteries.

12) 4 + pivot extern x 4 + pivot extern, amb 4 porteries paral·leles: tal com es pot veure en la figura nº 11, cada equip de 4 jugadors té dues porteries on marcar en la línia de fons contrària, i per a això compta amb l'ajuda d'un jugador seu (pivot) que està situat en l'exterior del terreny de joc, entre les 2 porteries.

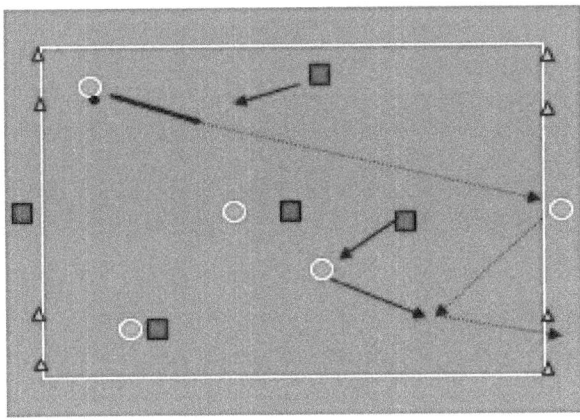

Figura nº 11: activitat 4+pivot exterior x 4+pivot exterior, amb 4 porteries paral·leles.

13) 4x4+ pivot, amb 4 porteries paral·leles: exercici similar al nº 13, però ara només hi ha un pivot pels 2 equips i es mou per dins del camp.

14) 4x4+ pivot, amb 4 porteries en creu: en aquest cas juguen 4x4, però les porteries estan situades una en cada línia del camp, i cada equip ha de marcar en dues porteries oposades, una enfront de l'altra. A més, un pivot es mou per dins del terreny de joc ajudant a l'equip posseïdor. La figura nº 12 il·lustra aquesta activitat.

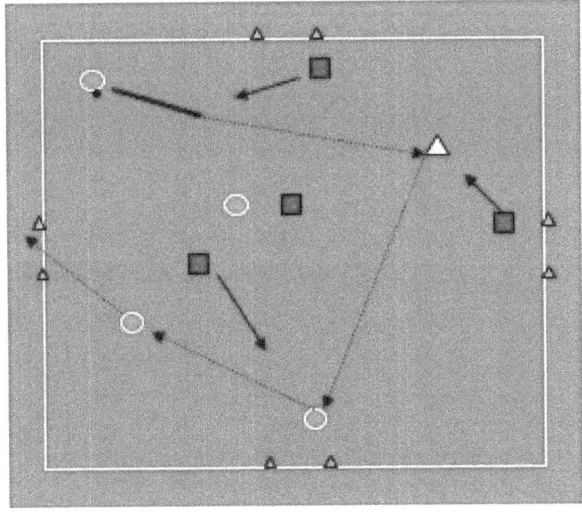

Figura nº 12: activitat 4x4+ pivot, amb 4 porteries en creu.

15) 4x4, amb 2 porteries: es tracta simplement d'un partit de 4x4 amb 2 porteries.

16) 4x4+ pivot, amb 2 porteries, amb límit de tocs: activitat com la nº 11, però jugant a 2/3 contactes com a màxim.

17) 4x4, amb 4 porteries paral·leles: activitat similar a la nº 14, però amb la diferència que ara ja no hi ha pivot.

18) 4x4, amb 4 porteries en creu: activitat similar a la nº 15, però amb la diferència que ara ja no hi ha pivot.

19) 4x4, amb 2 porteries, amb limitació de tocs: activitat similar a la nº 16, però jugant a un màxim de 2/3 contactes per jugador.

20) 4x4, amb 4 porteries paral·leles, amb límit de tocs: activitat com la nº 18, però jugant a 2/3 contactes com a màxim.

21) 4x4, amb 4 porteries en creu, amb límit de tocs: exercici com el nº 19, però jugant a 2/3 contactes com a màxim.

22) 4x4+2 pivots exteriors, amb porteries paral·leles, a 1 toc: joc consistent a marcar cada equip en 2 porteries que es troben situades en la línia de fons contrària, però comptant amb l'ajuda de 2 pivots que es mouen per l'exterior de la línia de banda, i jugant a un sol contacte. La figura nº 13 il·lustra aquesta tasca.

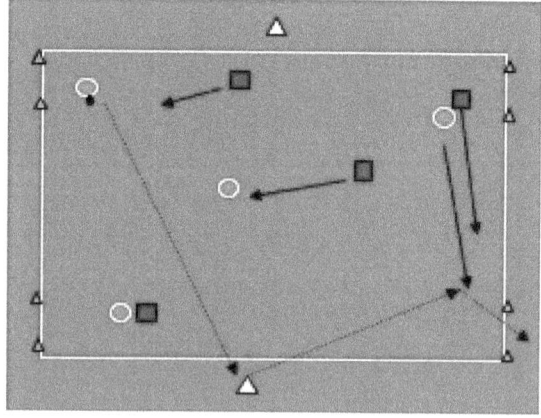

Figura nº 13: activitat 4x4+2 pivots exteriors, amb porteries paral·leles, a 1 toc.

4.1.3. Activitats per finalitzar.

1) 1 x 0 + porter: situació en la qual un jugador surt conduint i s'enfronti al porter, tal com s'observa en la figura nº 14.

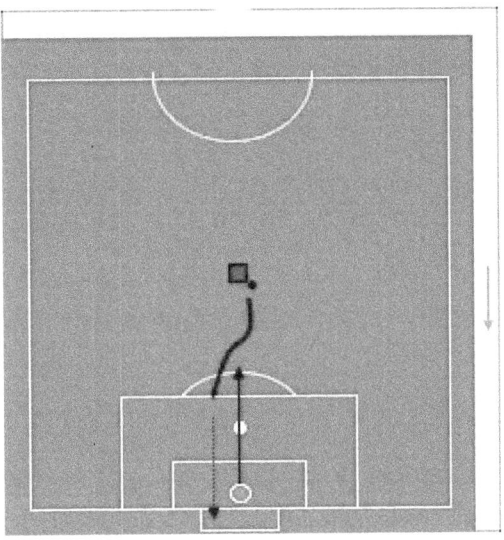

Figura nº 14: activitat 1 x 0 + porter.

2) 1x1+ porter: en aquest cas, l'atacant s'enfronta a un defensor, a més del porter. L'activitat queda representada en la figura nº 15.

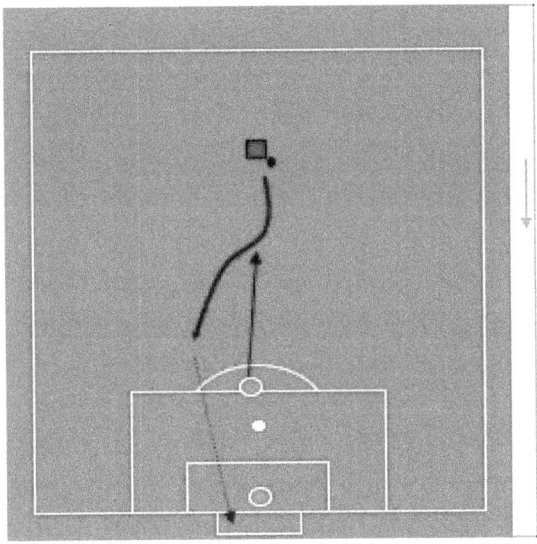

Figura nº 15: activitat 1 x 1 + porter.

3) 2x1+ porter: ara són dos els atacants, contra un defensor i el porter.

4) 3x1+ porter: exercici similar a d'anterior, però són 3 els atacants.

5) 3x2+ porter: en aquesta activitat s'introdueix un segon defensor, augmentant la dificultat.

6) 2x2+ porter: tasca en la qual hi ha igualtat numèrica 2x2, a més del porter.

7) 4x2+ porter: situació en la qual 4 atacants s'enfronten a 2 defensors i el porter.

8) 4x3+ porter: exercici similar a l'anterior, però afegint un tercer defensor.

9) 3x3+ porter: tasca amb igualtat numèrica 3x3 més el porter.

10) 4+2 pivots exteriors + porter x 4+2 pivots exteriors + porter: partit en espai reduït on s'enfronten 2 equips de 4 jugadors més un porter i 2 pivots exteriors per equip que es situen a banda i banda de la porteria, al darrere de la línia. A la figura nº 16 s'il·lustra aquesta tasca.

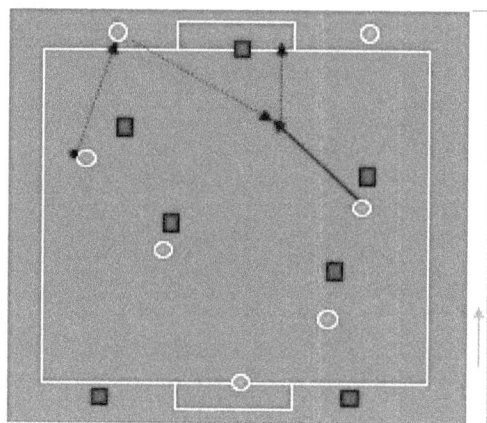

Figura nº 16: activitat 4+2 pivots exteriors + porter x 4+2 pivots exteriors + porter.

11) 4 + porter x 4 + porter + pivot: partit en espai reduït on juguen 2 equips de 4 jugadors i un porter, i compten amb un pivot que recolza a l'equip atacant movent-se per l'interior del terreny de joc, tal com s'observa a la figura nº 17.

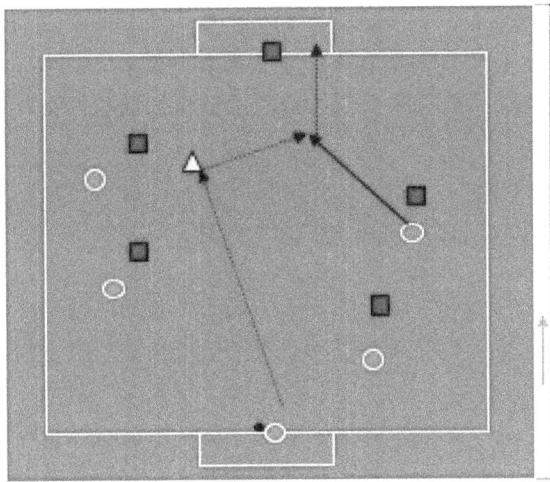

Figura nº 17: activitat 4 + porter x 4 + porter + pivot.

12) 4 + porter x 4 + porter: partit en espai reduït jugat per dos equips de 4 jugadors i un porter.

13) 4 + 2 pivots exteriors + porter x 4 + 2 pivots exteriors + porter, amb limitació de tocs: activitat com la nº 10, però jugant a un màxim de 3 o 2 tocs.

14) 4 + porter x 4 + porter + pivot, amb limitació de tocs: situació de joc com la nº 11, però jugant a un màxim de 3 o 2 tocs per jugador.

15) 4 + porter x 4 + porter, amb limitació de tocs: joc com el nº 12, però a un màxim de 3 o 2 tocs.

16) 4 + 2 pivots exteriors + porter x 4 + 2 pivots exteriors + porter, podent realitzar tir només a passada de pivot: activitat com la nº 10, però introduint la regla que diu que només es pot aconseguir gol quan la pilota t'ho ha passat un dels 2 comodins exteriors que cada equip té.

17) 4 + 2 pivots exteriors + porter x 4 + 2 pivots exteriors + porter, tir sense control previ: exercici com el nº 10, però amb la regla que diu que només es pot marcar gol si es tira directament, és a dir, sense control previ.

18) 4 + porter x 4 + porter + pivot, tir sense control previ: tasca com la nº 11, però amb la regla que diu que només es pot marcar gol si es tira directament, és a dir, sense control previ.

19) 4 + porter x 4 + porter, tir sense control previ: joc com el nº 12, però introduint la regla que diu que només es pot marcar gol si es tira directament, és a dir, sense control previ.

20) 4 + 2 pivots exteriors + porter x 4 + 2 pivots exteriors + porter, tir sense control previ, amb limitació de tocs: activitat com la nº 17, però ara, a més d'haver de tirar sense control previ, es juga a un màxim de 3 o 2 contactes.

21) 4 + porter x 4 + porter + pivot, tir sense control previ, amb limitació de tocs: activitat com la nº 18, però ara, a més d'haver de tirar sense control previ, es juga a un màxim de 3 o 2 contactes.

22) 4 + porter x 4+ porter, tir sense control previ, amb limitació de tocs.

4.1.4. Tecnificació.

Com ja he comentat, es realitzarà, de forma dosificada, un treball analític de determinats elements tècnics al que anomenarem tecnificació. Així, en cada categoria d'edat s'incidirà, una vegada a la setmana com a màxim, en algun element tècnic.

He considerat que no treballaré analíticament la passada, doncs crec que aquest s'ha de donar sempre en funció del moviment de companys i adversaris, i sense aquests manca d'intencionalitat tàctica, i estaríem treballant, doncs, el colpeig, i aquest element sí es treballa analíticament, tant amb el peu com amb el cap.

El mateix succeeix amb el regat: és una progressió de la conducció que sempre ha de treballar-se amb oposició. Per contra, la conducció sí es treballarà analíticament.

Quant al tir, tant amb el peu com amb el cap, considero que ha de treballar-se també de forma global, però, com es veurà en l'apartat de planificació, proposaré, en les categories superiors, el seu treball també de forma analítica per assegurar-nos un nombre suficient de repeticions en cada jugador que no sempre estan garantides amb els exercicis globals.

Finalment, en aquestes categories superiors, utilitzarem el mètode analític per a correcció d'errades tècniques.

Així doncs, proposo un treball analític, diferent en cada categoria, dels següents elements tècnics:

- cop amb el peu,
- control,
- conducció,
- cop amb el cap,
- entrada
- correccions de qualsevol element tècnic,
- tir amb el cap,
- tir amb el peu.

4.2. ÀREA TÀCTICA.

Com ja s'ha avançat en el punt 3.2, per treballar els diferents principis tàctics ens servirem d'un sistema de joc per a tot el futbol base que juga a futbol 11, i un altre sistema de joc pels més petits, que juguen a futbol 7.

A continuació es detalla la metodologia que es segueix per ensenyar aquests sistemes de joc.

4.2.1. Futbol 7.

Per a aquesta modalitat s'ha escollit el sistema de joc 1-2-3-1, que es compon de:

☑ un porter,

☑ dos defenses,

☑ tres mitjos, un pel centre i dos a les bandes,

☑ un davanter.

La raó per la qual s'ha optat per ell és que té cinc posicions diferents que són molt semblades a les del futbol 11, i que per tant permetran una fàcil adaptació quan es passi a aquesta altra modalitat del futbol:

⊠ porter: igual que al futbol 11,

⊠ defenses: juguen al centre, per la qual cosa són semblats als defenses centrals o als lliures,

⊠ mig centre: organitzador de joc, igual que al futbol 11,

⊠ mitjos laterals: jugadors de banda, similars als laterals, interiors i extrems,

⊠ davanter centre: és el rematador.

A la figura nº 18 s'observa la distribució dels jugadors en aquest sistema.

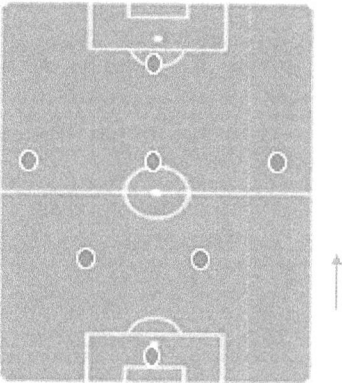

Figura nº 18: distribució dels jugadors amb el sistema de joc 1-2-3-1.

A continuació es detalla la metodologia utilitzada per al treball d'aquest sistema de joc.

4.2.1.1. Atac.

4.2.1.1.1. Posició ofensiva.

Es tracta que els jugadors entenguin dos principis bàsics:

- ♠ amplitud,
- ♠ profunditat.

Per aconseguir-ho, els jugadors simplement es col·locaran en la posició ofensiva (PO) i es passaran successivament la pilota. La figura nº 19 mostra la PO.

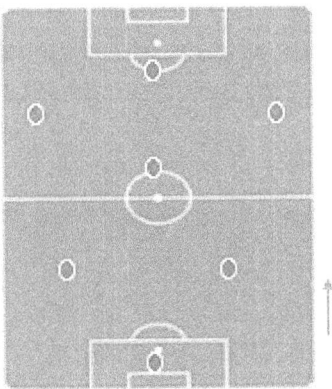

Figura nº 19: posició ofensiva.

4.2.1.1.2. Transició.

Són els moviments que els jugadors realitzen per passar de la PTO a la posició defensiva (PD). Els jugadors es passen la pilota lliurement, i, al senyal de l'entrenador, l'hi passen i corren a la PD. La figura nº 20 ho il·lustra.

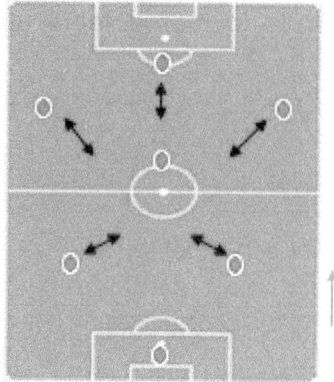

Figura nº 20: transició de PD a PO, i viceversa.

4.2.1.1.3. Zones de joc.

Els jugadors han de conèixer les accions a realitzar a cada zona del camp. Per a això, dividirem el terreny de joc en zona 1 i zona 2, tal com s'observa en la figura nº 21. La línia marca la direcció de l'atac. L'objectiu del joc és arribar a la zona 2 amb la pilota controlada

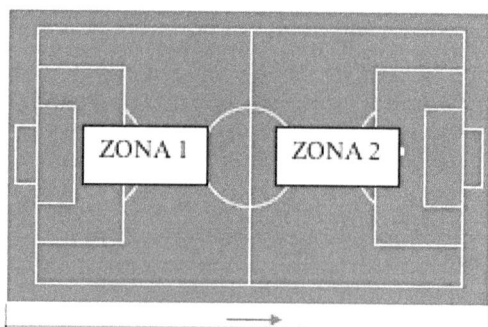

Figura nº 21: zones de joc.

Així, a la zona 1 (propi camp), les accions que el jugadors ha de desenvolupar principalment són:

- ♠ control,
- ♠ passada,
- ♠ rebuig.

Mentre que a la zona 2 (camp contrari) les accions a realitzar seran:

- ♠ un contra un,
- ♠ conducció,
- ♠ control,
- ♠ passada,
- ♠ tir.

4.2.1.1.4. Fonaments ofensius.

Són unes normes que ens ajudaran a jugar millor a futbol. Aquests són els següents:

a.- Posició d'atac (AMPLITUD/PROFUNDITAT).

b.- Desmarcatge (en línia de passada).

c.- Moviment després de tocar la pilota (no romandre estàtics).

4.2.1.1.5. Rondo tàctic en zona 1.

Els rondos tàctics són rondos mantenint un posicionament tàctic, que poden realitzar-se sense i amb oposició. També poden fer-se amb l'únic objectiu de mantenir la possessió, o intentant a més fer gol sobre la porteria contrària.

El rondo tàctic en zona 1 consisteix a mantenir la possessió de la pilota el porter, els dos defenses i el mig centre, al mateix temps que es manté la PO a la zona 1 (figura nº 22). Aquest exercici es comença a fer sense oposició, per després afegir 2 o 3 jugadors que fan d'oponents.

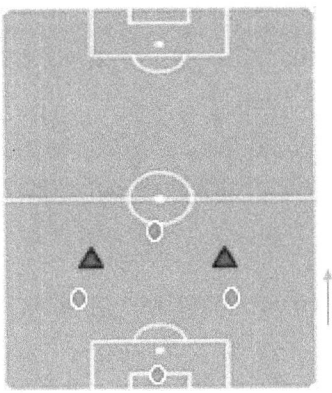

Figura nº 22: rondo tàctic en zona 1.

4.2.1.1.6. Rondo tàctic en zona 2.

En aquest cas són el davanter, els dos interiors i el mig centre (figura nº 23) els que intenten mantenir la possessió i/o fer gol, primer sense oposició i després amb ella.

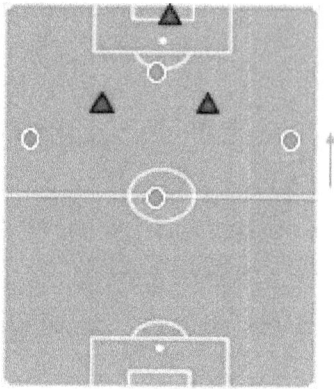

Figura nº 23: rondo tàctic en zona 2.

4.2.1.1.7. Rondo tàctic en zones 1 i 2.

Ara juguen ja els 7 jugadors, per mantenir la possessió i/o fer gol, sense o amb oposició, tal com s'observa a la figura nº 24.

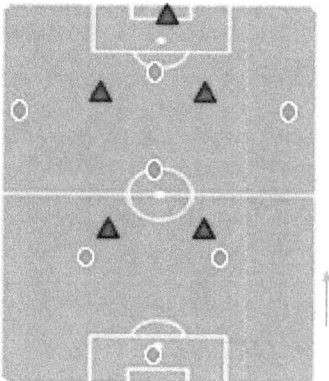

Figura nº 24: rondo tàctic en zones 1 i 2.

4.2.1.1.8. Acció combinada.

Es tracta d'una jugada d'atac, tal com es mostra en la figura nº 25, en la qual l'important no és la trajectòria de la pilota, sinó els moviments i posicionament dels jugadors en funció de la situació del primer. Així, sempre anirà a rematar un jugador al primer pal, un altre al segon i un altre al punt de penal.

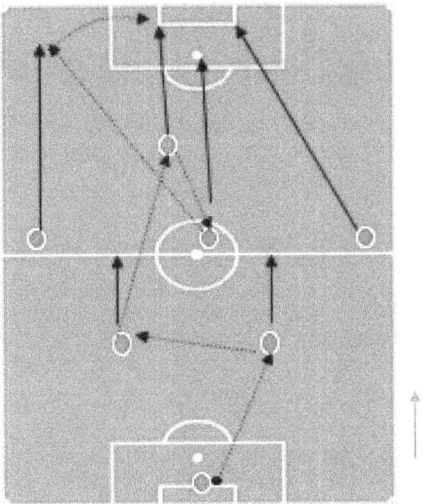

Figura nº 25: acció combinada.

4.2.1.2. Defensa.

4.2.1.2.1. Posició defensiva.

Es tracta de la posició que hauran d'anar a buscar ràpidament els jugadors en perdre la possessió de la pilota. Observi's, en la figura nº 26, com els jugadors estan molt més propers entre si, tant en amplitud com en profunditat. A partir d'aquí es fixaran els marcatges. En aquesta fase utilitzarem el marcatge mixt, consistent a seguir al jugador que entra a la zona de cada defensor fins que finalitzi la jugada de defensa. Intentarem, en la mesura del possible, que un dels jugadors defensors quedi lliure de marca i faci les funcions d'home lliure.

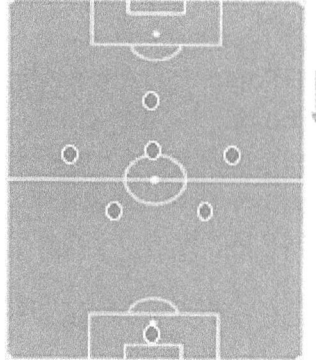

Figura nº 26: posició defensiva.

4.2.1.2.2. Fonaments defensius.

Per a aquest tipus de defensa (marcatge mixt), seguirem les següents normes:

- col·locació entre jugador marcat i porteria,
- contacte visual de jugador i pilota,
- temporització (no entrar de cop).

4.2.1.2.3. Situació defensiva 1x1 + porter.

Es tracta d'aplicar els fonaments defensius mitjançant una tasca en la qual un defensor, ajudat per un porter, tracta d'evitar que un atacant aconsegueixi gol. La figura nº 27 ho il·lustra.

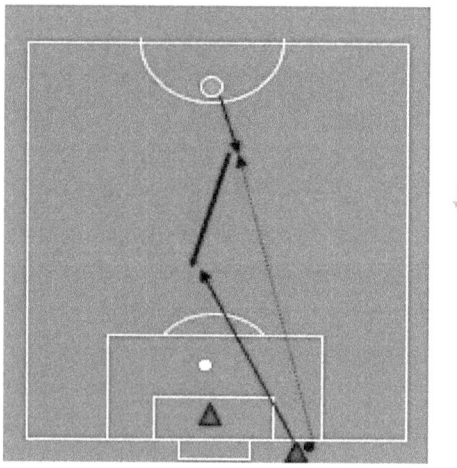

Figura nº 27: situació defensiva 1x1+porter.

4.2.1.2.4. Situació defensiva 1x2 + porter.

En aquesta tasca defensen dos jugadors a l'atacant, un li fa un marcatge, i l'altre fa la funció d'home lliure, fent cobertures, tal com pot observar-se en la figura nº 28.

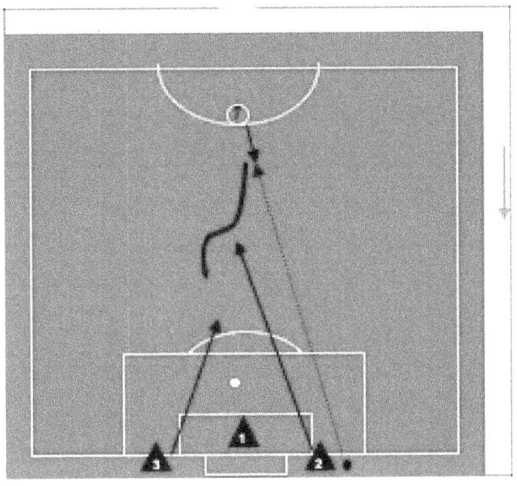

Figura nº 28: situació defensiva 1x2+porter.

4.2.1.2.5. Situació defensiva 2x2 + porter.

Ara són ja dos els atacants, que són defensats per dos defensors, que apliquen marcatge mixt. La figura nº 29 ens ho mostra.

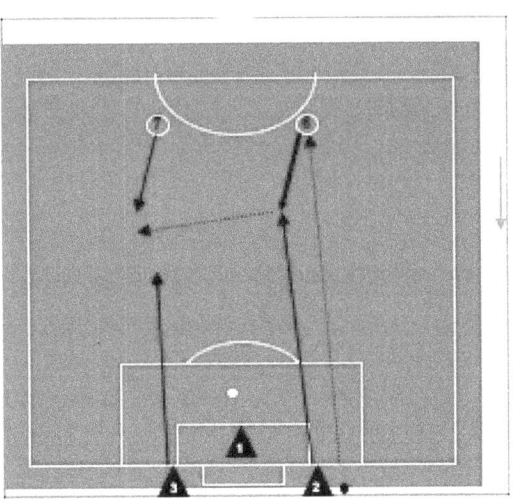

Figura nº 29: situació defensiva 2x2+porter.

4.2.1.2.6. Situació defensiva 2x3 + porter.

En aquest cas s'introdueix a un tercer defensor, que fa la funció de lliure, duent a terme cobertures (figura nº 30).

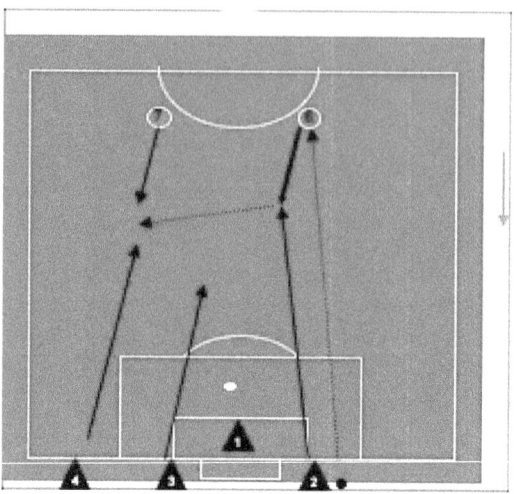

Figura nº 30: situació defensiva 2x3+porter.

4.2.1.3. Estratègia.

En tractar-se de benjamins aquest aspecte no es treballarà en profunditat, únicament es treballaran algunes jugades senzilles perquè vagin assimilant aquest apartat tàctic al llarg dels dos anys que dura la categoria (benjamins).

4.2.1.3.1. Córners a favor.

Tal com s'observa en la figura nº 31, amb els mateixos moviments tindrem tres possibilitats:

1ª) centre directe del jugador nº 4 a 7 o 5.

2ª) passada a 6, que retorna a 4, perquè centri sobre l'entrada de 7 o 5.

3ª) passada de 4 sobre l'arribada de 3, a la vora de l'àrea.

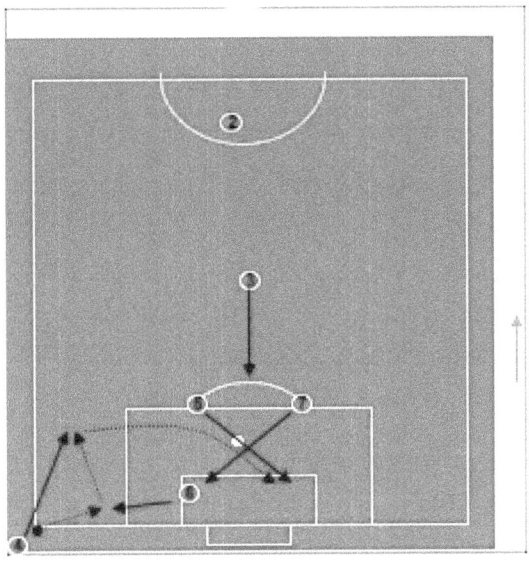

Figura nº 31: córners a favor.

4.2.1.3.2. Córners en contra.

Per a aquesta jugada, els jugadors realitzaran marcatges a l'home, excepte el porter, que lògicament ocuparà la porteria, dos jugadors, que marcaran en zona, un en el primer pal (nº 4) i l'altre en el semicercle (nº 6), i el davanter, que romandrà en punta per iniciar el contraatac (figura nº 32).

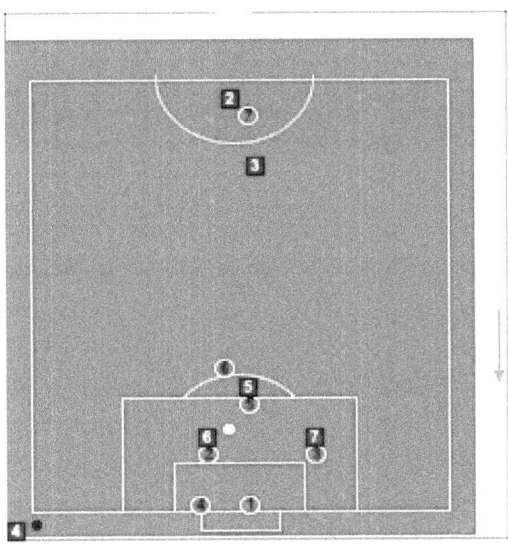

Figura nº 32: córners en contra.

4.2.1.3.3. Faltes a la vora de l'àrea.

Quan hi hagi faltes a favor a la vora de l'àrea tindrem tres opcions, com es mostra en la figura nº 33:

1ª) el jugador nº 4 passa per sobre de la pilota i 7 colpeja a porteria.

2ª) el jugador nº 4 passa per damunt, 7 passa a 6 i aquest a 4, que ha fet un desmarcatge de ruptura. Per assenyalar aquesta falta, el llançador (jugador nº 7) es toca el pèl.

3ª) el jugador 4 passa per damunt i 7 cedeix a 3, que ve des del darrere. Per assenyalar aquesta falta el llançador posa els braços en gerra.

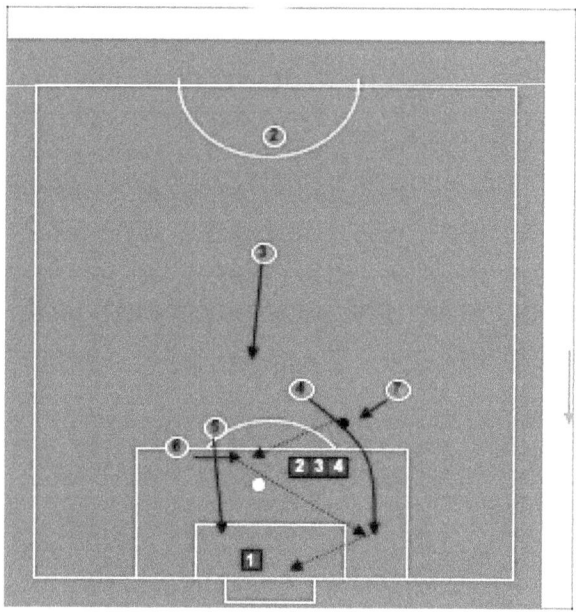

Figura nº 33: faltes a favor a la vora de l'àrea.

4.2.1.3.4. Serveis de banda.

En aquest cas, només exigirem als jugadores que facin el moviment que s'observa a la figura nº 34, de manera que el jugador que treu pugui triar entre un servei curt, al jugador que ve a recolzar (6), i un llarg al jugador que es desmarca en ruptura (7).

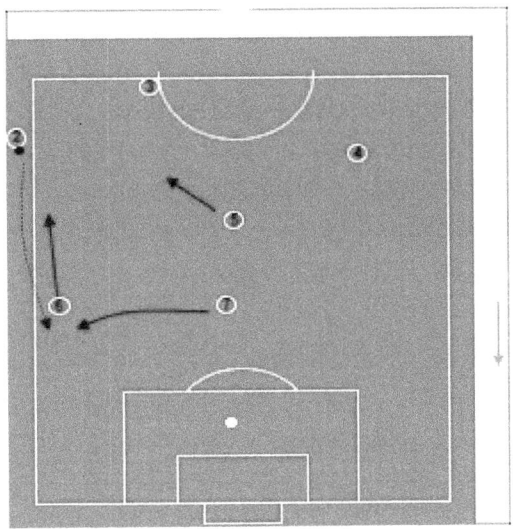

Figura nº 34: serveis de banda.

4.2.2. Futbol 11.

Per a aquesta modalitat del futbol, l'habitual, s'ha escollit el sistema 1-4-4-2. (Figura nº 35).

Aquest sistema consta de:

- ⊠ dos defenses laterals (2 i 5),
- ⊠ dos defenses centrals (3 i 4),
- ⊠ dos mitjos centres (6 i 8),
- ⊠ dos interiors (7 i 11), i
- ⊠ dos davanters centre (9 i 10).

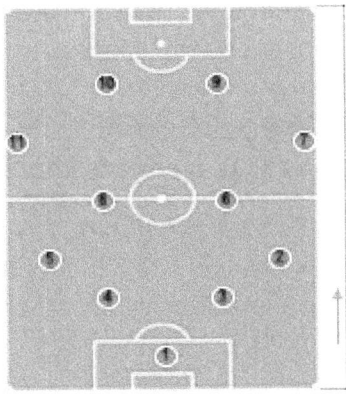

Figura nº 35: sistema 1-4-4-2.

He escollit aquest sistema perquè és equilibrat quant a joc defensiu i ofensiu. A més, és la base dels sistemes més utilitzats en els últims temps a alt nivell, com poden ser el sistema 1-4-2-3-1, o l'1-4-1-4-1, que resulten d'introduir alguna variant en l'1-4-4-2. Encara que amb algunes variants, aquesta metodologia es basa en la utilitzada amb gran èxit en el Centre d'esports L'Hospitalet entre les temporades 1996/97 i la 2001/02 sota la coordinació de Santi Pou.

4.2.2.1. Atac.

4.2.2.1.1. Posició ofensiva (PO).

És la posició que adopten els jugadors quan tenen la possessió de la pilota (figura nº 35). Observi's que els jugadors de les bandes s'obren, donant amplitud al joc, al mateix temps que s'avancen en una posició intermitja "entre línies", mentre que els jugadors del centre s'estiren, donant profunditat.

Amb aquesta posició busquem:

- amplitud,
- profunditat,
- ordre,
- equilibri.

L'exercici consisteix simplement a passar-se la pilota mantenint la posició que marca el sistema de joc, encara que adaptant-la a la situació de l'esfèric mitjançant basculacions.

4.2.2.1.2. Transició.

Són els moviments entre PO i la posició defensiva (figura nº 36).

La forma de treballar-la serà la següent: els jugadors es passen la pilota sense oposició, i al senyal de l'entrenador simulen una pèrdua de la pilota per replegar-se a màxima velocitat fins a la posició tàctica defensiva.

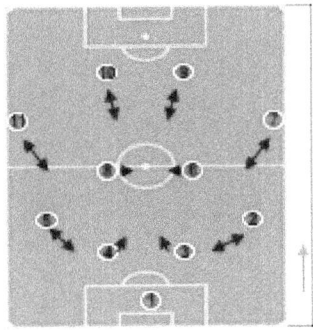

Figura nº 36: moviments de transició.

4.2.2.1.3. Zones de joc.

En el futbol 11 ja distingim tres zones de joc, tal com mostra la figura nº 37. Cal recordar que el nostre objectiu en començar l'atac serà arribar a zona 3 amb la pilota controlada.

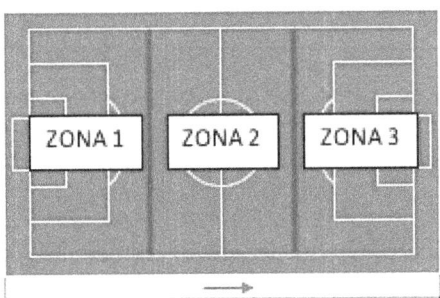

Figura nº 37: zones de joc.

Les accions a realitzar en cadascuna d'aquestes zones són:

Zona 1 (d'iniciació):

- o control,
- o passada,
- o petita conducció per a passada,
- o rebuig.

Zona 2 (de creació):

- o control,
- o passada,
- o petita conducció per a passada,
- o 1x1.

Zona 3 (de finalització):

- 1x1,
- conducció,
- control,
- passada,
- tir.

4.2.2.1.4. Filosofia del joc d'atac.

Amb la finalitat de donar claredat d'idees als jugadors sobre el que pretenem d'ells, resumim la filosofia del joc en una frase: **"la suma de passades fàcils i ràpides és igual a ocasió de gol"**.

4.2.2.1.5. Estructura 2.

Nomenem així a una altra forma de joc oposada a l'anterior, per ser totalment diferent a tota l'estructura de joc que utilitzarem habitualment, i que consisteix a arribar de forma ràpida a la porteria contrària mitjançant enviament de pilotes llargues i recerca del rebuig, per tirar o tenir la possessió de la pilota en camp contrari.

Aquesta altra forma de joc la utilitzarem tan sols com a recurs, en els nivells més alts, en camps en males condicions per fang o aigua, o simplement per evitar pèrdues de pilota en les proximitats de la nostra porteria davant equips de gran nivell que pressionen molt a dalt.

D'aquesta forma ens assegurem dues coses:

- d'una banda, tenir la pilota allunyada de la nostra porteria, davant el risc que suposa una pèrdua en aquesta zona,
- per un altre, ensenyar als jugadors a adaptar-se a altres patrons de joc en funció de les característiques de l'adversari i/o del terreny de joc.

4.2.2.1.6. Fonaments ofensius.

Són una sèrie de normes que els jugadors han de seguir en atacar, i que hem d'inculcar-los. Són els següents:

a.- Posició d'atac (AMPLITUD/PROFUNDITAT).
b.- Anticipació mental d'atac (decidir abans de rebre).

    c.- Velocitat de joc (poca conducció, circulació ràpida de pilota).

    d.- Mirar enrere abans de rebre (per saber si ens pressionen o no).

    i.- Passada amb determinació (fort, per evitar que sigui interceptada).

    f.- Moviment d'engany (fintes).

    g.- Desmarcatge (en línia de passada).

    h.- Moviment després del toc de pilota (mobilitat dels jugadors).

4.2.2.1.7. Exercicis globals.

Mitjançant la utilització de rondos, conservacions i partits amb efectius reduïts (3x3, 4x4...) incidirem en un fonament ofensiu concret. (Ex. rondo a un toc, per treballar l'anticipació mental d'atac).

4.2.2.1.8. Rondo tàctic en zones 1 i 2.

En aquest rondo participen el porter, els 4 defenses i els 2 mitjos centres (figura nº 38). És important que, si la pilota està en el costat contrari, el lateral es tanca una mica, al mateix temps que s'endarrereix i es posa a l'altura del central, per estar ben col·locat si es produeix una pèrdua de pilota. De la mateixa manera que passava en els rondos tàctics de futbol 7, els exercicis s'iniciaran sense oposició, per anar introduint contraris; els gràfics es mostren ja amb els oponents..

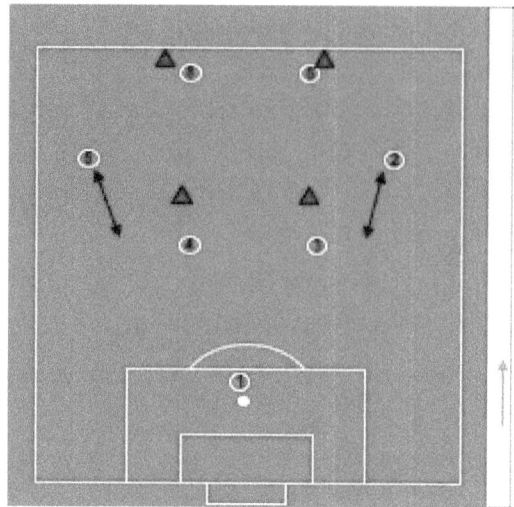

Figura nº 38: rondo tàctic en zones 1 i 2.

4.2.2.1.9. Rondo tàctic en zona 2.

Ara participen els 10 jugadors de camp (el porter no). Quan la pilota està en el costat contrari, el lateral s'endarrereix i tanca, mentre que l'interior (7 i 11) tan sols tanca, per prevenir una possible pèrdua de pilota, mantenint-se més avançat que els mitjos centres (posició "entre línies"). En la figura nº 39 s'observa la distribució dels jugadors. Com es veu, els interiors busquen la màxima amplitud, mentre que els laterals no s'obren tant en principi per les raons comentades anteriorment (possible pèrdua de pilota).

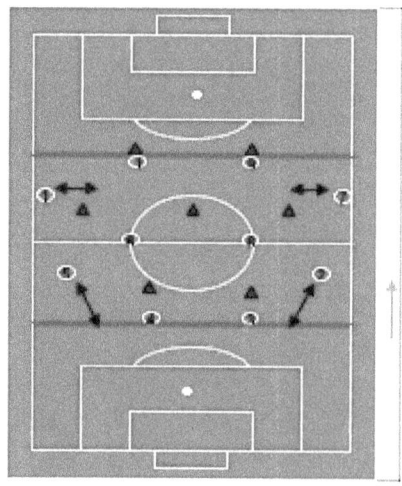

Figura nº 39: rondo tàctic en zona 2.

4.2.2.1.10. Rondo tàctic en zones 2 i 3.

En aquest exercici participen els dos defenses laterals, doncs són els defenses que juguen més avançats, els quatre mitjans i els dos davanters (figura nº 40). Els jugadors basculen quan la pilota està en una banda, igual que en l'exercici anterior, i s'obren buscant la màxima amplitud quan està en el centre. La tasca pot realitzar-se simplement mantenint la possessió, o intentant aconseguir gol en la porteria contrària.

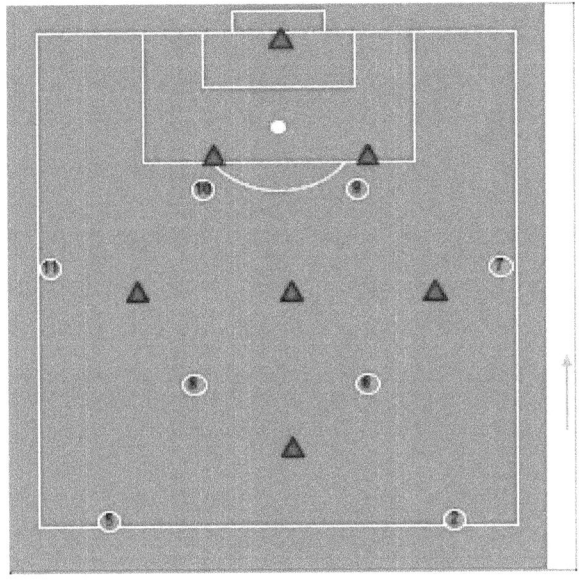

Figura nº 40 rondo tàctic en zones 2 i 3.

4.2.2.1.11. Rondo tàctic en zones 1, 2 i 3.

Aquest rondo inclou ja als onze jugadors de l'equip. Igualment, podem pretendre simplement mantenir la possessió, o per contra intentar marcar (figura nº 41).

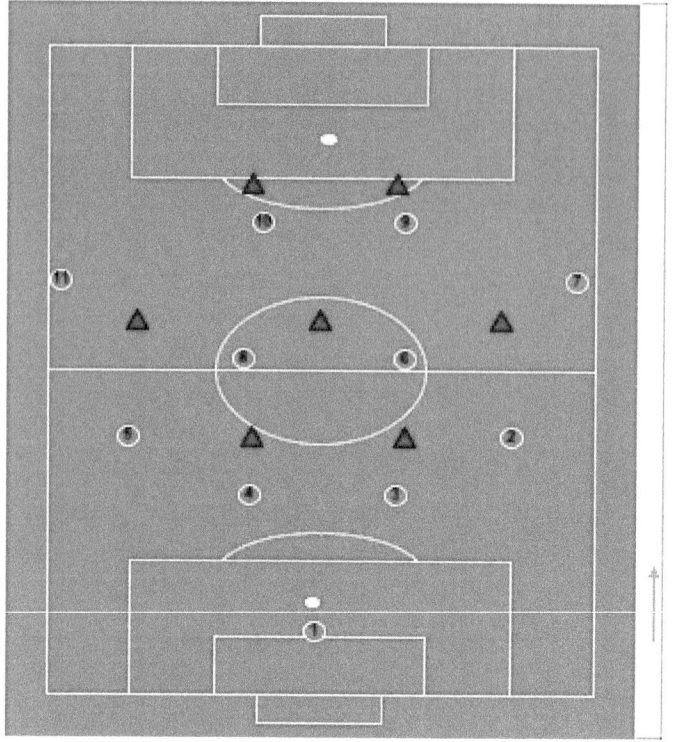

Figura nº 41: rondo tàctic en zones 1, 2 i 3.

4.2.2.1.12. Jugades d'atac organitzat.

Són cinc accions combinades amb les quals intentarem sortir amb la pilota controlada des del darrere per arribar fins a zona 3, en les ocasions en què l'equip contrari estigui replegat. Es realitzaran una sèrie de moviments per aconseguir crear, ocupar i aprofitar espais lliures. Cal insistir que l'important és el moviment dels jugadors, a partir del qual es poden crear infinitat de jugades que resultin de les que aquí s'indiquen.

1ª) Suport amb punta de cara (figura nº 42). En rebre 6, pot enviar a 7, 11, 8 o 10. Les entrades a la rematada són de la següent forma: 11 al 2º pal, 9 al 1º, 10 al punt de penal i 8 a caiguda de pilota (fora de l'àrea). El 2 s'avança per ocupar el mig camp.

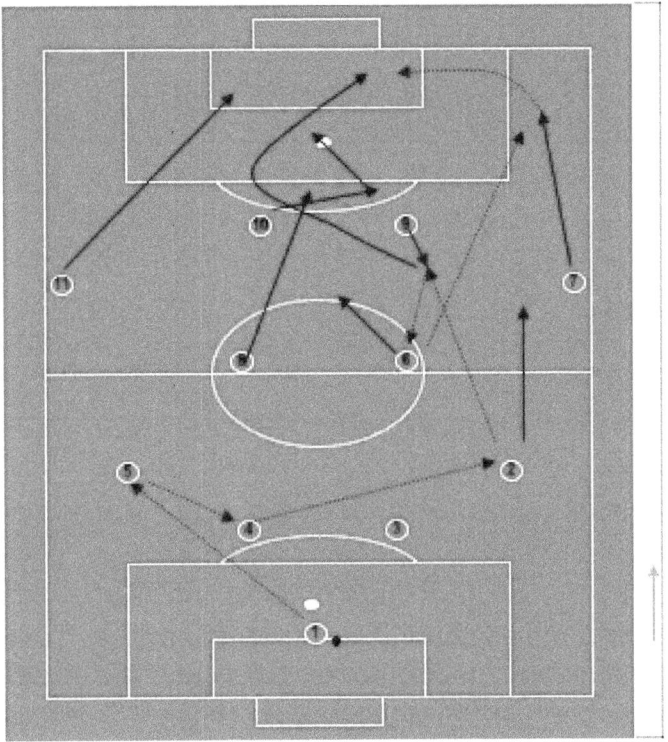

Figura nº 42: 1ª jugada d'atac organitzat.

2ª) Suport amb punta d'esquena (figura nº 43). En aquest cas, 2 juga amb el punta que ha fet desmarcatge de ruptura (punta d'esquena), el nº 10, que pot optar, segons la situació, per progressar cap a la porteria amb pilota o passar a 7 perquè aquest centri. Les entrades dels jugadors són iguals que en l'anterior jugada.

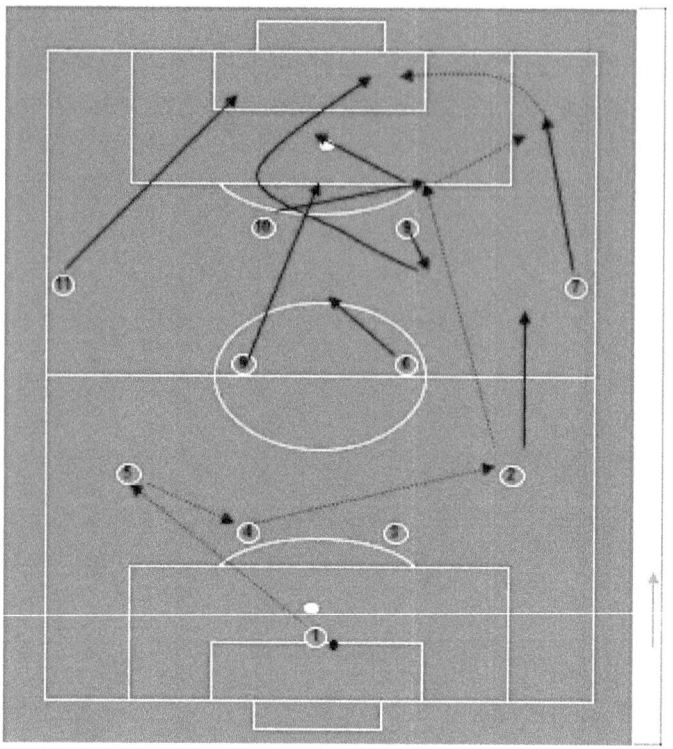

Figura nº 43: 2ª jugada d'atac organitzat.

3ª) Suport amb interior (figura nº 44). El jugador 2 pot optar per jugar amb el 7, doblant-lo, perquè aquest jugui amb el 6, que aquest passi al 2 i aquest últim centri a l'àrea. El 7 fa un desdoblament, assumint momentàniament les funcions de lateral.

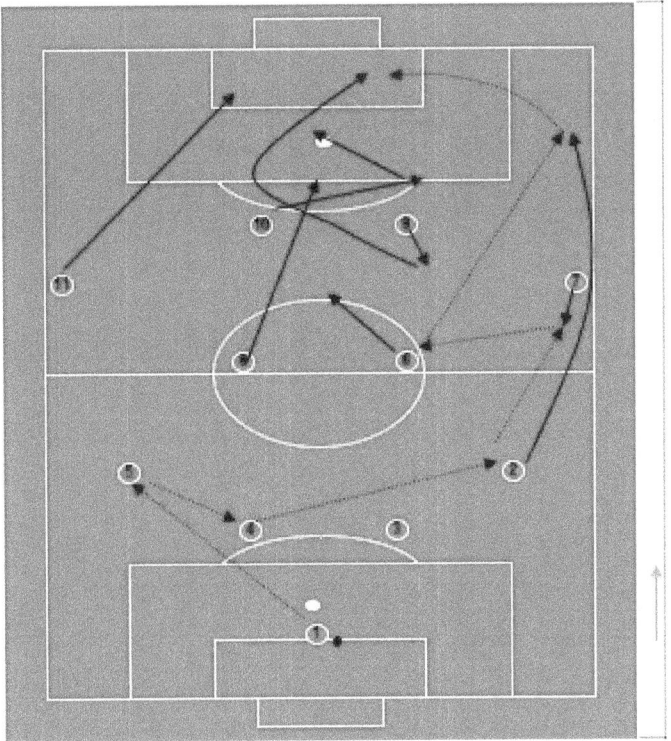

Figura nº 44: 3ª jugada d'atac organitzat.

4ª) Sortida amb el central (figura nº 45). Quan al central li tapen la passada al lateral, aquest pot buscar directament a l'interior. A partir d'aquí, aquest pot fer jugada individual o jugar amb 6 per fer la paret o que aquest distribueixi joc.

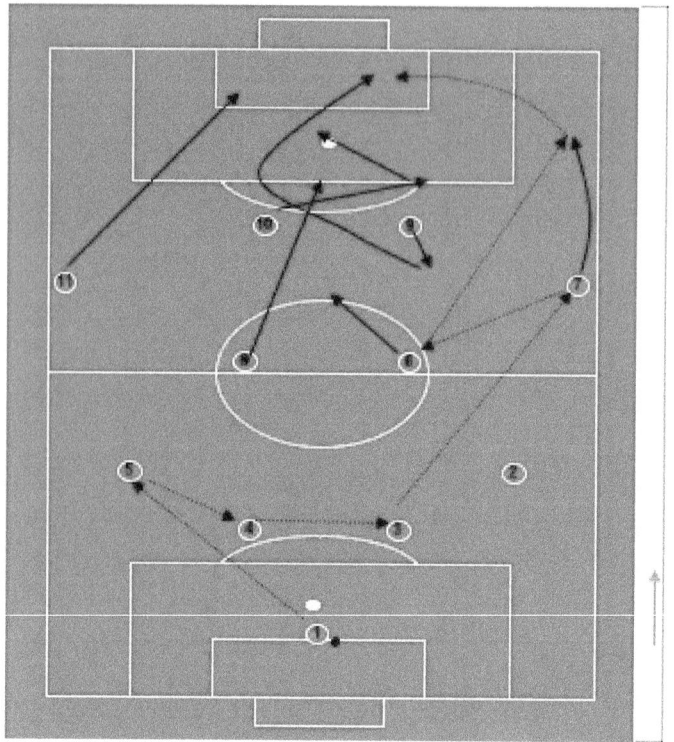

Figura nº 45: 4ª jugada d'atac organitzat.

5ª) Suport de central amb entrada de l'interior (figura nº 46). Davant equips que es tanquen enrere, es pot realitzar el següent moviment: 6 crea un espai mitjançant un desmarcatge de suport que aprofita 7 per rebre "entre línies" (entre el mig camp i la defensa contraris) conduint i triant la millor opció segons cada situació: penetració individual, passada a 9, 10 o 11. La resta de moviments són pràcticament els mateixos: 9 entra al primer pal, 11 al segon, 6 a la vora de l'àrea i és 7 qui en aquest cas, en haver-se 10 desplaçat a banda dreta, entra al punt de penal.

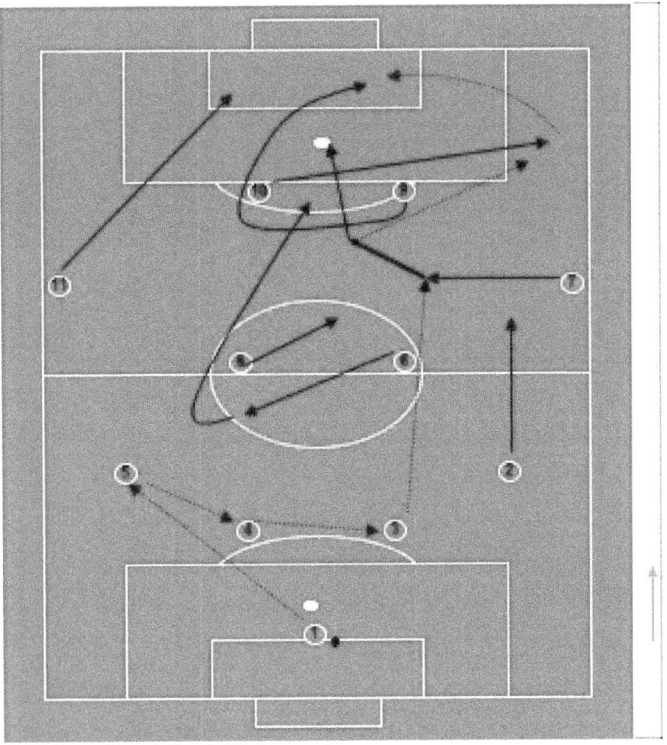

Figura nº 46: 5ª jugada d'atac organitzat.

4.2.2.1.13. Contraatacs.

Es tracta d'una acció en la qual normalment recuperem una pilota en zones avançades i busquem arribar ràpidament a la porteria contrària amb passades verticals, de manera que no donem temps a l'equip contrari a replegar-se.

Es proposen dos exercicis de contraatac amb oposició, un amb tres atacants i un altre amb quatre, en els quals els atacants parteixen amb superioritat numèrica, però si no executen l'atac ràpid arribarà un defensor més, quedant llavors en igualtat numèrica.

1ʳ) Contraatac amb tres atacants (figura nº 47).

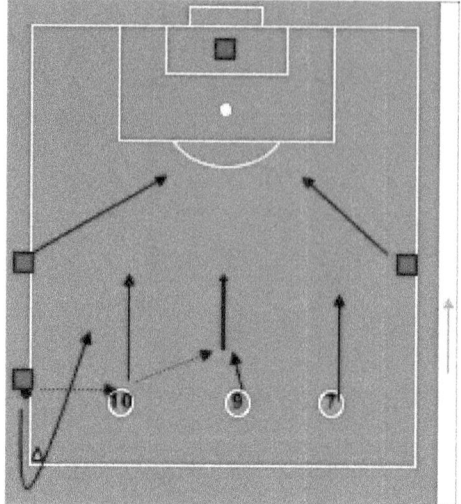

Figura nº 47: contraatac amb tres atacants.

2ⁿ) Contraatac amb quatre atacants (figura nº 48).

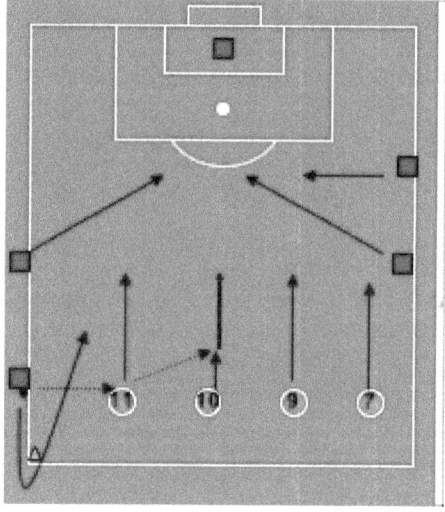

Figura nº 48: contraatac amb quatre atacants.

4.2.2.2. Defensa.

4.2.2.2.1. Filosofia.

Es tracta d'aplicar la defensa en zona amb el sistema triat (1-4-4-2). He escollit aquest tipus de defensa perquè és la utilitzada majoritàriament en alt nivell. Encara que té la dificultat que és més complexa que la mixta o la defensa a l'home, doncs necessita de jugadors més intel·ligents, motiu pel qual no s'utilitza en la primera fase (on s'utilitza el marcatge mixt, en el futbol a 7), té innombrables avantatges, entre les quals destaquen:

- ⇨ que el defensor no abandona, en marcar, el seu lloc habitual,
- ⇨ que permet organitzar amb rapidesa el contraatac, en estar cada jugador en la seva posició natural en recuperar la pilota,
- ⇨ que les errades individuals poden ser corregides per un company, doncs s'estableix un sistema de cobertures,
- ⇨ i finalment, que estableix una gran solidaritat entre els jugadors, que s'han d'ajudar.

La filosofia d'aquest tipus de defensa, que hem d'inculcar als jugadors, queda concretada en aquestes consignes:

- ♠ la referència és la pilota,
- ♠ cal tenir en compte:
  - on està la pilota,
  - qui la té,
  - quin defensor està més a prop,
- ♠ realitzar, quan això sigui possible, trot lateral, per poder observar el joc de cara,
- ♠ tenir contacte visual, de:
  - pilota,
  - contrari,

- company,
- verbal: comunicació constant entre els companys.

4.2.2.2.2. Posició defensiva (PD).

És la posició que adopten els jugadors en el moment en què perden la possessió de la pilota. Aquestes indiquen la posició de partida quan la pilota la té el porter contrari per iniciar el joc. Mostrarem tres posicions: una més ofensiva, una altra intermitja, i una altra més defensiva. A partir d'aquí, els jugadors es mouran en funció de la posició de la pilota. Es diferencien únicament en l'avançades o endarrerides que estan les línies. Es mostren a continuació.

PD 1: és la més ofensiva de totes (figura nº 49). La referència és la línia de defensa, que es trobarà uns 4 metres per darrere del mig camp. La distància entre línies (defensa, mig camp i davantera) és d'uns 12-15 metres, i entre jugadors d'una mateixa línia és d'uns 10 metres (lateralment).

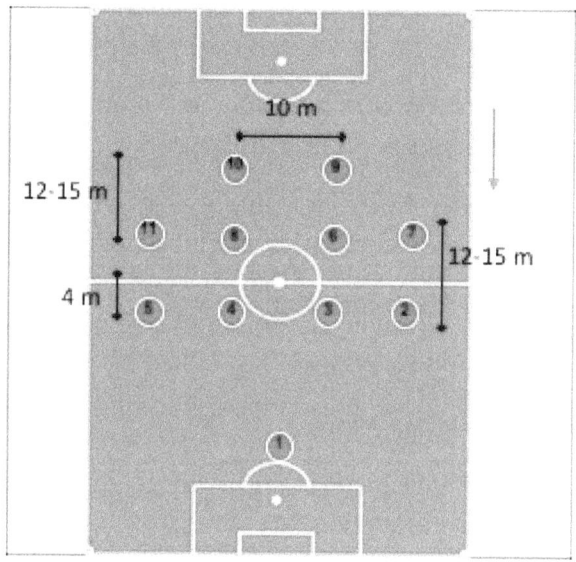

Figura nº 49: posició defensiva 1.

PD 2: és la intermitja (figura nº 50). Amb ella es començarà a treballar en un primer moment per, posteriorment, anar introduint les altres per adaptar-nos a la situació del joc (necessitat de pressionar o de replegar-nos). En aquest cas la referència és la línia mitja, que es situa 2 metres per davant de la línia del mig camp.

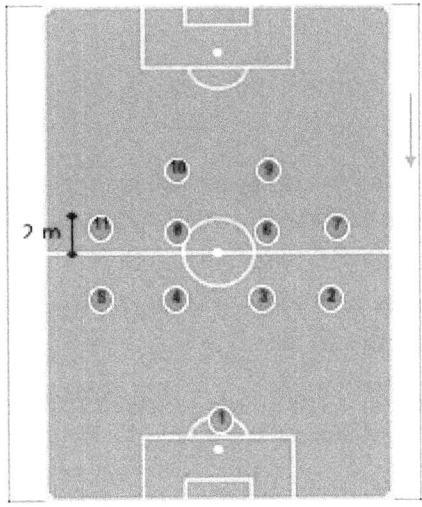

Figura nº 50: posició defensiva 2.

PD 3: es tracta de la més defensiva de totes (figura nº 51). L'equip es troba en una posició més endarrerida, esperant al contrari. La referència és la línia mitja, que es situa sobre la línia de mig camp.

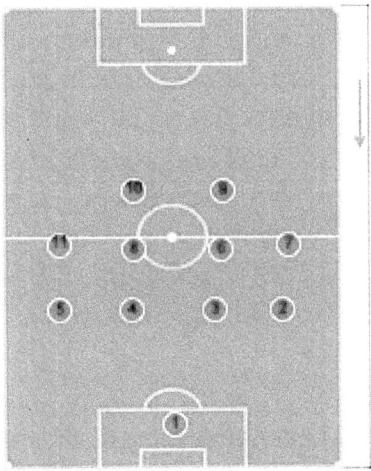

Figura nº 51: posició defensiva 3.

4.2.2.2.3. Fonaments defensius.

Són una sèrie de normes que els jugadors han de seguir quan defensen:

- o arc d'entrada: cal dirigir-se al jugador amb pilota amb una trajectòria curvilínia, en comptes d'anar directament cap a ell, per aconseguir que el jugador es desplaci cap al costat que nosaltres pretenem (figura nº 52), realitzant una entrada lateral i no frontal;

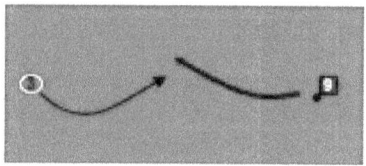

Figura nº 52: arc d'entrada.

- o baixar el centre de gravetat: el jugador ha de flexionar cames, per poder reaccionar amb major rapidesa a l'acció del posseïdor;

- o posició de peus: mirant al jugador amb pilota, per poder reaccionar tant cap a un costat com cap a l'altre (figura nº 53, les fletxes marquen la direcció dels peus);

Figura nº 53: posició de peus.

- o angle d'entrada: el jugador no anirà a buscar la pilota al lloc on està, sinó una mica més cap a davant. Si no és així, quan llanci la cama no trobarà ja la pilota, i és possible que el que trobi sigui únicament la cama del contrari, fent falta. Angle d'entrada és el format pel defensor, la pilota i el punt al com el jugador ha d'anar a tallar la pilota (figura nº 54). Per això el defensor ha d'haver dut a terme un bon arc d'entrada i una bona posició de peus, que li assegurin una entrada lateral en la direcció desitjada, segons ens interessi.

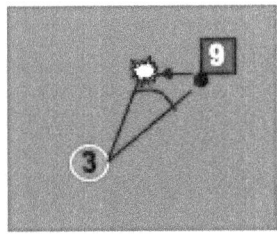

Figura nº 54: angle d'entrada.

○ robatori de pilota/flexing: una vegada s'han aplicat els anteriors fonaments defensius, el jugador haurà de prendre la decisió d'intentar robar la pilota, si troba el moment oportú, o fer "flexing", que consisteix a temporitzar al mateix temps que es fa replegament individual acompanyant al posseïdor, esperant el moment oportú o que arribi la cobertura d'un company. Això serà clau en la defensa en zona, doncs el defensor ha de tenir clar que per arriscar en l'entrada ha de tenir la cobertura d'un company.

4.2.2.2.4. Treball de cobertura i permuta.

Cobertura és estar en disposició d'ajudar a un company que pot ser superat per l'oponent. Permuta consisteix en un canvi de posicions entre els jugadors d'un mateix equip, en el cas de la defensa, quan un dels dos ha estat superat per un oponent. En la figura nº 55 es mostra un exercici per treballar tots dos aspectes.

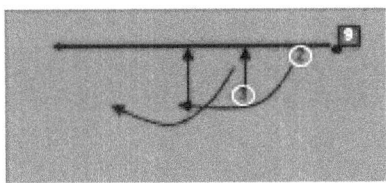

Figura nº 55: treball de cobertura i permuta.

Veiem com el jugador nº 2 està marcant l'atacant nº 9, i el defensor nº 3 fa la cobertura. En un determinat moment, 9 canvia de ritme i supera a 2, per la qual cosa els jugadors 3 i 2 duen a terme una permuta i canvien les seves posicions: ara és 3 el que realitza el marcatge, mentre que 2 fa la cobertura. De nou 9 canvia de ritme, i els jugadors 2 i 3 fan una altra permuta. L'exercici es seguiria realitzant, per trios, al llarg o a l'ample del terreny de joc, canviant de funcions (atacant-defensors) cada vegada que s'arriba al final.

4.2.2.2.5. Treball 1x1.

El defensor envia la pilota a l'atacant, que controla i ataca la porteria. El defensor aplica els fonaments defensius per evitar el gol fent-li entrar pel costat que a ell li interessi (figura nº 56). La zona ombrejada és a la qual no anirem a pressionar, doncs no comporta perill i abandonaríem la zona central.

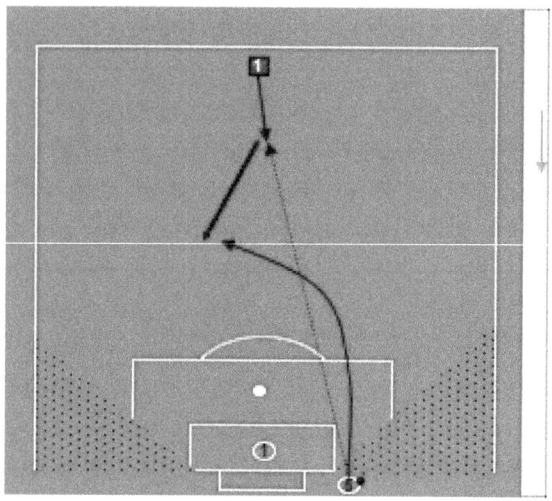

Figura nº 56: treball 1x1.

4.2.2.2.6. Treball 2x1.

En aquest cas ja hi ha dos atacants (11 i 7), i el defensor haurà d'esperar l'ocasió, fent flexing, per tapar la línia de passada i obligar a un atacant a enfrontar-se a ell en 1x1, si és possible orientant-ho perquè entri per on el defensor vulgui (figura nº 57).

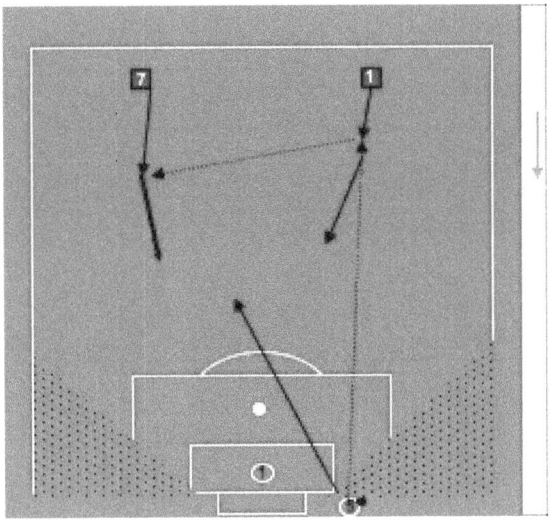

Figura nº 57: treball 2x1.

4.2.2.2.7. Treball 3x2.

Seguint amb la progressió, ara ataquen 3 jugadors i defensen 2 (figura nº 58). Entre els defensors ha d'haver-hi, aproximadament, una distància d'uns 10 metres. Aquí ja comencen a treballar-se les cobertures quan un dels dos defenses pressiona al posseïdor.

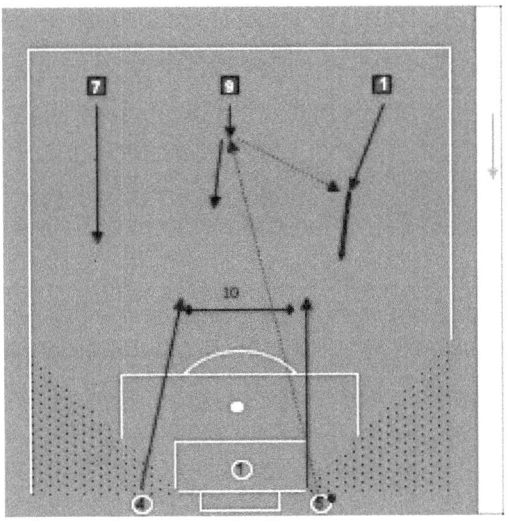

Figura nº 58: treball 3x2

4.2.2.2.8. Treball 4x3.

Ara ja són 4 els atacants i 3 els defensors (figura nº 59). La distància entre els defensors continua sent de 10 metres.

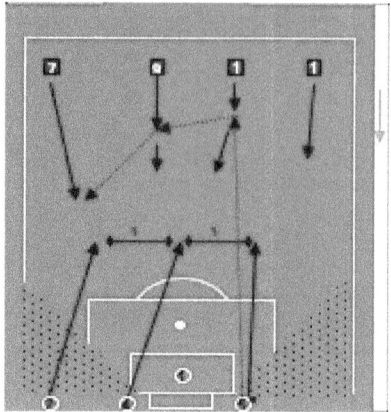

Figura nº 59: treball 4x3.

4.2.2.2.9. Treball 6x4.

Amb aquest exercici ja tenim construïda la defensa en línia de 4, que utilitzaran els equips del club a partir d'alevins amb el sistema 1-4-4-2. Observi's que ja no existeix la zona ombrejada en les cantonades, doncs ja podem permetre'ns anar a pressionar a les bandes sense descuidar el centre en disposar de quatre jugadors (figura nº 60).

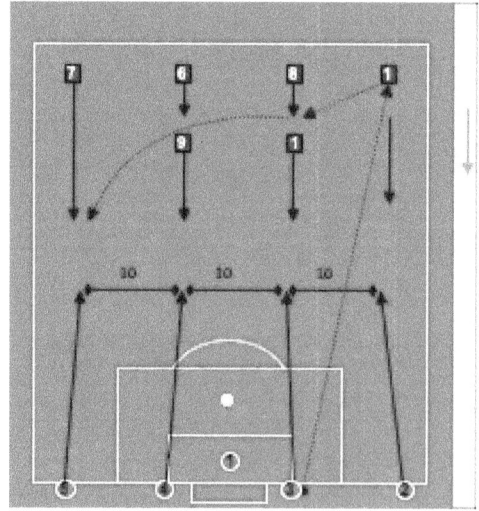

Figura nº 60: treball 6x4.

4.2.2.2.10. Treball 8x6.

El següent pas per a la construcció del sistema defensiu és afegir a la defensa la línia del mig camp (figura nº 61). Això ho farem, al principi, afegint els 2 mitjos centres (jugadors nº 6 i 8). Com s'ha dit en parlar de la posició defensiva, la distància entre la línia mitjana i la defensa és d'uns 12-15 metres. Mitjançant uns cons s'han delimitat uns "quadres de pressió", que serviran als jugadors per saber en tot moment qui ha d'anar a pressionar a la pilota, en funció d'on es trobi aquest. Així s'observa que cada defensor està situat en un quadre, on ha de pressionar quan la pilota entre, mentre la resta de companys es desplacen per fer cobertures. És important que en tot moment es mantingui l'estructura de la defensa, amb 4 defenses i dos mitjos. Quan la pilota va als quadres laterals propers al mig camp, com que aquests no estan ocupats per cap jugador defensor, la pressió la faran conjuntament els laterals i els mitjos centres 2 i 6 d'una banda, i 5 i 8 per l'altre). I dins de l'àrea existeixen altres quadres de pressió, que seran ocupats pels defensors, desplaçant-se tots "en bloc" per ocupar el quadre immediatament posterior.

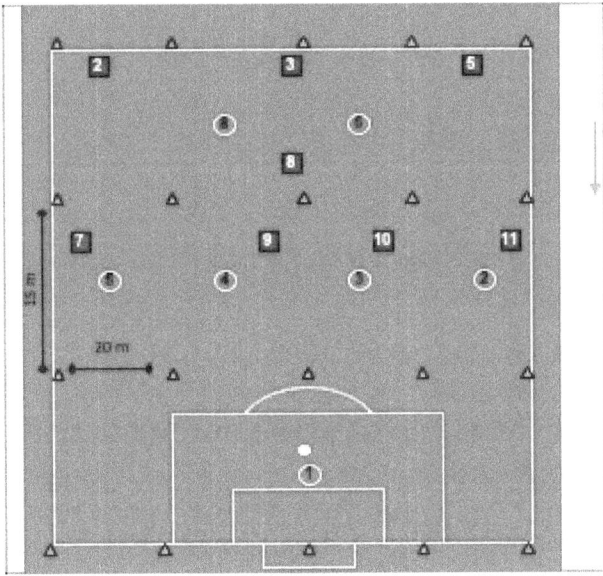

Figura nº 61: treball 8x6.

4.2.2.2.11. Treball 10x8.

Seguint amb la progressió metodològica arribem a aquest exercici en el qual ja treballen les línies defensiva i mitja al complet (figura nº 62). Ara cada jugador té el seu "quadre de pressió" on ha de pressionar. Per augmentar la dificultat de la defensa col·loquem dos jugadors "entre línies" o "mitges puntes" (jugadors números 6 i 8), que solen ser un problema per a les defenses en zona. A aquests jugadors se'ls pressiona, quan tenen la pilota, amb un central i un mig centre (4 i 8, o 3 i 6).

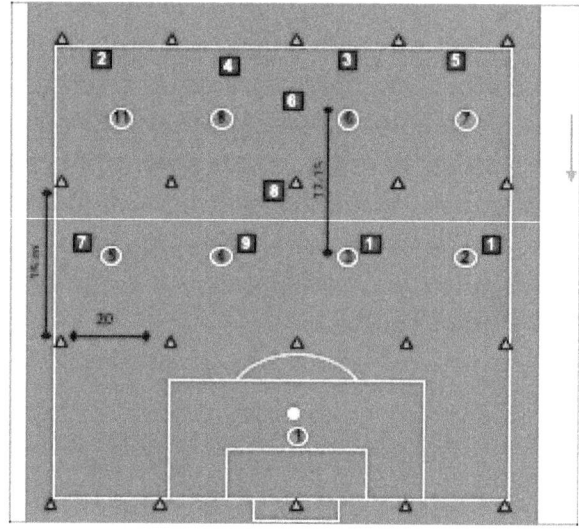

Figura nº 62: treball 10x8.

4.2.2.2.12. Posició de l'equip respecte a la pilota.

En aquest exercici ja s'inclouen als 11 jugadors, i consisteix a situar als jugadors en funció d'on està la pilota, i moure's per ressituar-se quan la pilota es desplaça. Per a això es col·loquen uns cons, 14 en total, que estan numerats i que representen a la pilota (figura nº 63). Així quan l'entrenador nomena un con, els jugadors es situen ràpidament com si la pilota es trobés allí, i el pressionen. L'entrenador va dient números i l'equip es va movent en funció de la trajectòria que segueix la pilota imaginària.

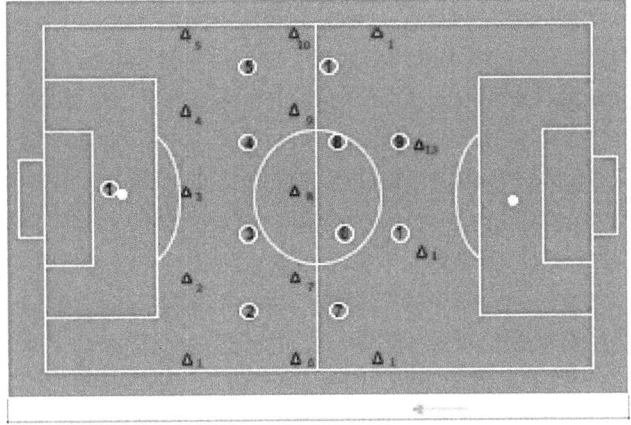

Figura nº 63: posició de l'equip respecte a la pilota.

Si la pilota està en la banda i la pressiona un interior (7 o 11), llavors l'interior contrari es col·loca a la zona intermitja (entre el mig camp i la defensa) a l'alçada del lateral del costat on es troba la pilota, per prevenir un canvi d'orientació. Quant als davanters (jugadors 9 i 10), la pressió es farà, en principi, de la següent forma: un punta va a pressionar a la banda juntament amb l'interior, i l'altre punta pressiona al central més proper. No obstant això, aquesta pressió podria modificar-se pressionant els puntes únicament en el centre als centrals contraris, deixant la pressió en les bandes per als interiors. En la figura nº 64 s'observa el posicionament de l'equip quan la pilota es troba en el con nº 11 (en el con nº 6 passaria el mateix, però amb tots els jugadors més endarrerits).

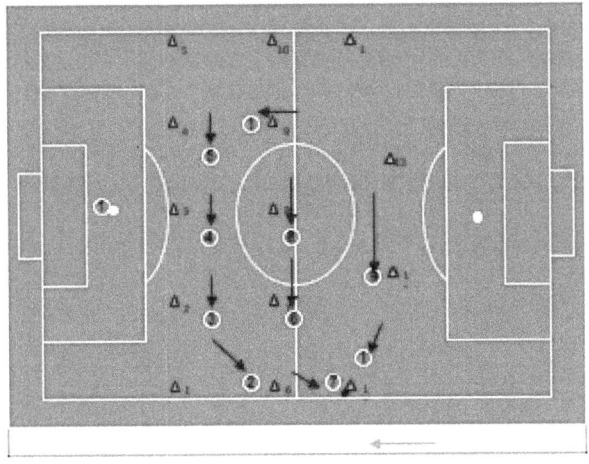

Figura nº 64: pressió en banda per part d'un interior.

Si la pilota està en la banda, però el que la pressiona és el lateral (2 o 5), llavors l'interior contrari (7 o 11) ocupa l'espai del lateral contrari que es desplaça. La figura nº 65 il·lustra aquest cas quan la pilota es troba en el con nº 1. En aquesta acció els punts no intervenen directament, simplement basculen cap a la banda. L'interior del costat en el qual es troba la pilota (7 en aquest exemple) ajuda per darrere al lateral a realitzar la pressió. Els mitjos centres (6 i 8) es col·loquen a l'alçada de la pilota. És important que el lateral contrari (5) no es desplaci, en bascular, més enllà del punt de penal, doncs deixaria massa espai lliure en la seva banda davant un possible centre al segon pal, a pesar que l'interior contrari li cobreixi en part aquesta zona.

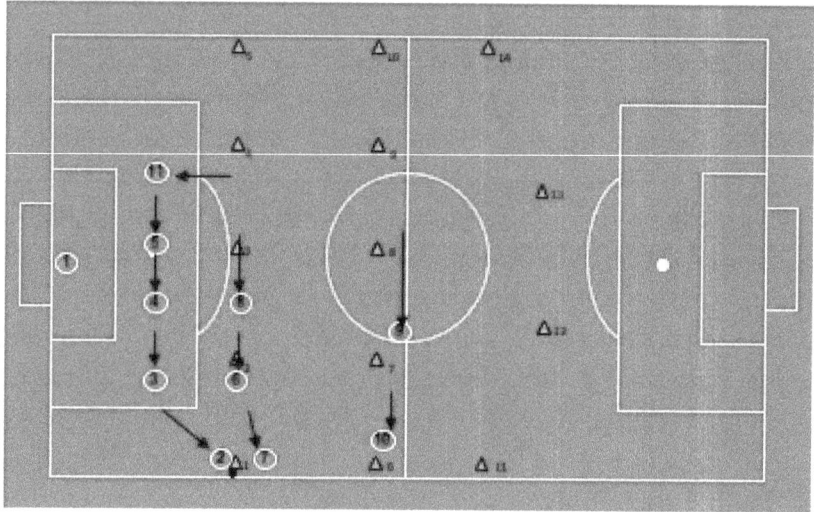

Figura nº 65: pressió en banda per part d'un lateral.

En cas que la pressió es faci pel centre, els jugadors de la mateixa línia del que fa pressió li faran cobertures. La figura nº 66 mostra la col·locació quan la pilota la pressiona un mig centre (jugador nº 6). Si el que pressiona la pilota és un central, la resta de jugadors de la línia de la defensa serien els que li farien la cobertura.

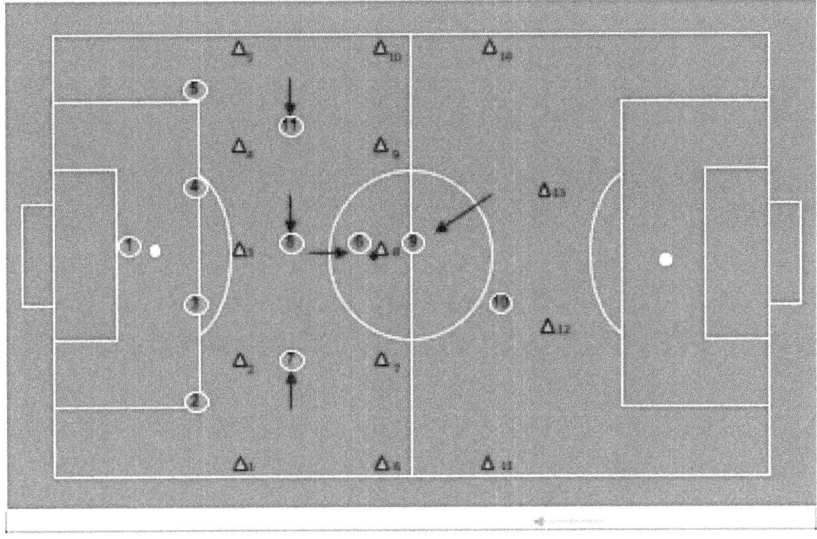

Figura nº 66: pressió a la pilota pel centre.

4.2.2.2.13.   Flexing de seguretat.

El denominat de "flexing de seguretat" consisteix a cedir, la línia de la defensa, uns 3 metres si hi ha possibilitat de passada llarga, però recuperar-los immediatament en cas que l'equip adversari faci una passada curta o horitzontal. L'objectiu d'aquesta acció és evitar que ens puguin guanyar les esquenes amb una passada llarga i un desmarcatge de ruptura d'un contrari, en jugar amb una defensa en línia, al mateix temps que no cedim metres en la pressió en recuperar la posició immediatament si la passada llarga no es produeix. Es pot dir que és un "flexing (replegament) preventiu". La figura nº 67 mostra l'exercici que es proposa per treballar-ho. Els atacants (blaus) més endarrerits realitzen passades horitzontals entre ells o verticals en profunditat sobre els més avançats. Els defensors (vermells) fan flexing de seguretat quan hi ha possibilitat de passada llarga, però recuperen la posició en cas que aquesta no es produeixi. Es marca la posició que han d'aguantar els defensors amb uns cons petits..

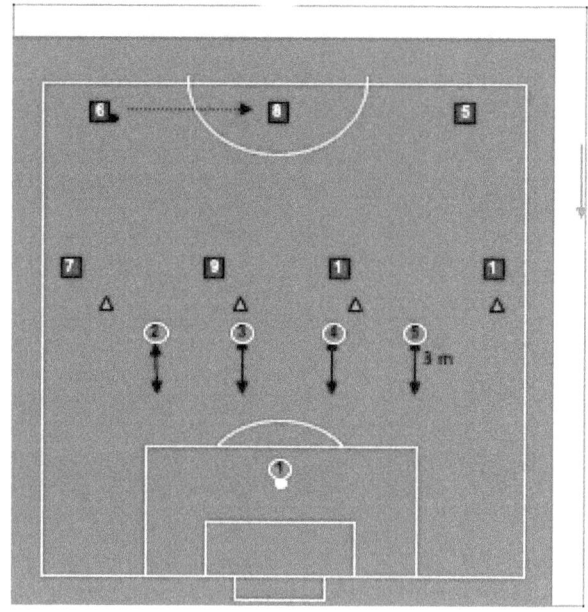

Figura nº 67: flexing de seguretat.

4.2.2.2.14.   Vigilàncies.

Es tracta en accions en les quals, malgrat tenir la possessió de la pilota, alguns jugadors del nostre equip estan pendents dels contraris més avançats davant un possible contraatac. Això s'aplica en jugades d'estratègia ofensiva com a córners o faltes a la vora de l'àrea.

La figura nº 68 mostra un exercici per a la seva pràctica. Un jugador realitza un centre sobre el porter que, després de blocar, envia a les seves puntes (blaves) perquè rebin a la zona marcada pels cons, i intentin passar a l'altre camp amb la pilota controlada. Els defensors (vermells) vigilen als puntes amb marcatges a l'home per anticipar-se en les passades lliures. Dels 3 defensors un lliura, quedant per fer cobertures.

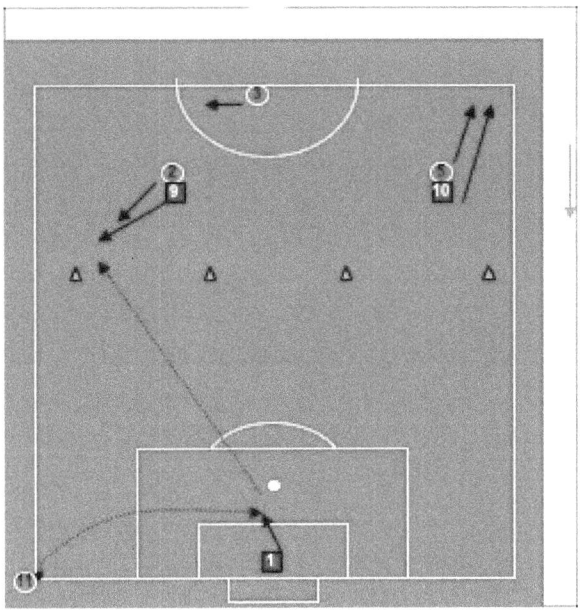

Figura nº 68: vigilàncies.

4.2.2.3. Estratègia.

Per simplificar aquestes jugades, al mateix temps que podem tenir un gran nombre de variants, seguirem un principi: mateixes posicions de partida, mateixos moviments, diferents solucions (trajectòries de pilota). D'aquesta forma, els jugadors han d'haver de memoritzar un menor nombre d'accions i els resulta més fàcil automatitzar aquestes jugades a pilota parada. A continuació es mostren les jugades d'estratègia a treballar.

4.2.2.3.1. Córners a favor.

Realitzant els jugadors el mateix moviment, tenim 5 opcions diferents, que s'assenyalen amb diferents gestos (figura nº 69):

1ª) Centre directe del jugador 11 a l'àrea.

2ª) El jugador 11 es toca el cabell, treu en curt sobre 7, que retorna perquè 11 centri a l'àrea o tiri.

3ª) El jugador 11 es toca el cabell, treu en curt sobre 7, que, en comptes de retornar a 11, gira sobre si mateix, triant la millor opció (centre o tir).

4ª) El jugador 11 es puja la mitja, passa a 2, que tira o centra a l'àrea.

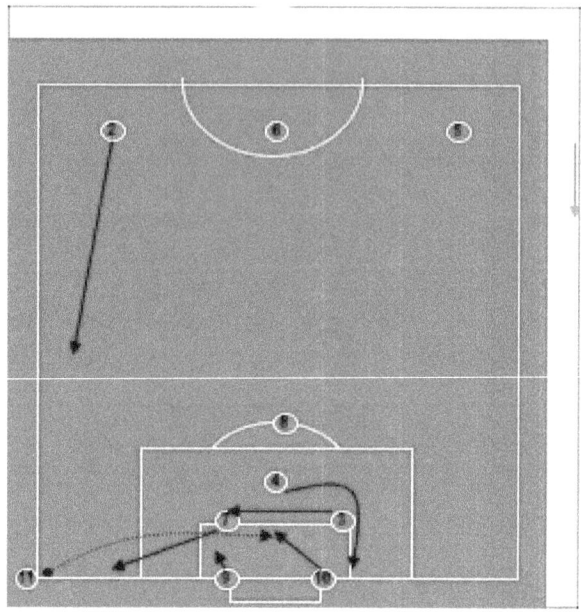

Figura nº 69: córners a favor.

5ª) El jugador 11 posa els braços en gerra, llavors 7, que està al costat d'ell, rep la pilota i la trepitja, deixant-la plantada perquè 11 colpegi a porteria o centri. En aquesta jugada la posició inicial és lleugerament diferent (figura nº 70) als altres córners, doncs el jugador nº 7 ja se situa des del principi al costat d'11, de manera que en aquest cas només hi ha un jugador a l'alçada del primer pal. No obstant això, la resta de jugadors manté les mateixes posicions i moviments.

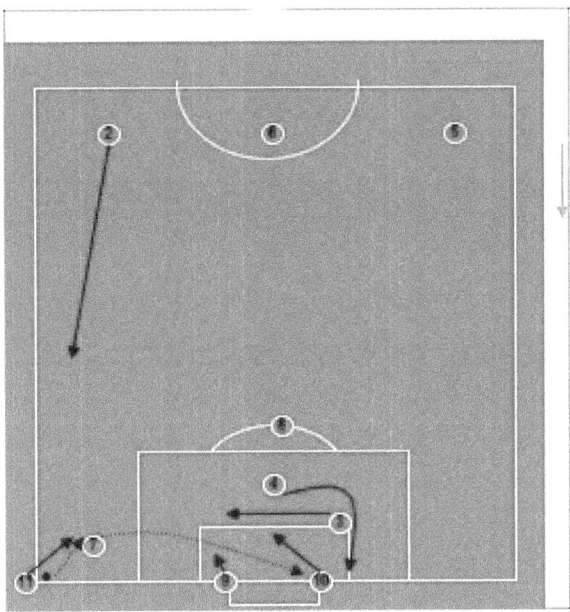

Figura nº 70: 5ª opció de córner a favor.

En les jugades de la 2ª a la 5ª, encara que els moviments dels jugadors són els mateixos, aquests han de realitzar-se una mica més tard, per sincronitzar-se amb la pilota, ja que en aquests casos es fa jugada abans de centrar.

4.2.2.3.2. Córners en contra.

Els córners en contra es defensaran en zona, de la forma indicada en la figura nº 71. La defensa sobre la vora de l'àrea petita, amb el lateral més proper a la pilota (5) lleugerament tancat per tapar els centres al primer pal, els mitjos centres sobre el punt de penal, els interiors un a cada pal, un punta en el semicercle, al rebuig, i un altre en el mig camp. D'aquesta forma queden cobertes les zones més perilloses. Hi ha dos aspectes molt importants:

⇨ l'orientació: els jugadors han d'estar orientats de manera que vegin la pilota i el semicercle, per poder observar les entrades dels adversaris a la rematada,

⇨ la tensió: els jugadors han d'estar perfectament activats, per neutralitzar el desavantatge que els suposa el fet d'estar estàtics, mentre els adversaris solen venir en carrera.

Només en el cas que l'equip contrari faci servei en curt per fer jugada, sortiran a pressionar els jugadors 5 i 8. L'espai que deixa lliure 5 en el primer pal el cobrirà el jugador nº 11.

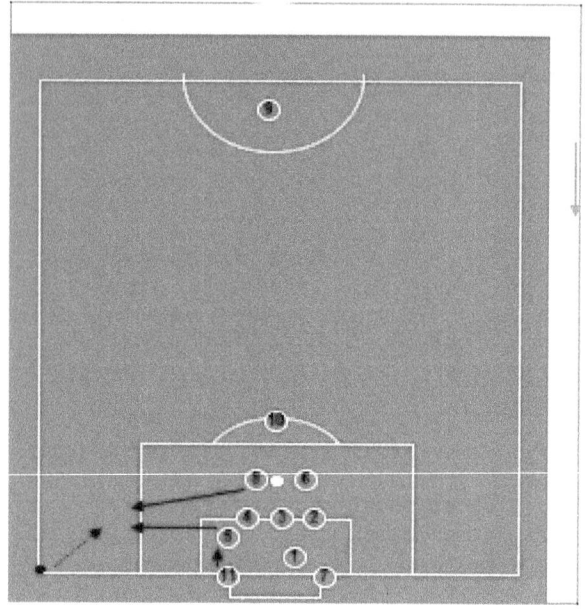

Figura nº 71: córners en contra.

4.2.2.3.3. Faltes en la vora de l'àrea.

Amb la disposició mostrada en la figura nº 72, es proposen 6 opcions:

> 1ª) 9 passa per sobre de la pilota i 11 copeja per fora de la barrera (per a un destre),
>
> 2ª) 9 passa per damunt, 11 també, i 10 copeja normalment a trencar (preferentment per a un esquerrà),
>
> 3ª) 9 passa per damunt, 11 també i es desmarca en ruptura per fora de la barrera i 10 passa a 4, que al primer toc passa cap a 11 perquè tiri. 6 fa un bloqueig al marcador de 4 perquè aquest pugui rebre. En cas que l'equip contrari col·loqui a un jugador per fora de la barrera per evitar aquesta jugada, 7 es col·loca allí i fa un moviment d'arrossegament per deixar l'espai lliure per a l'entrada d'11. En totes les altres faltes, 7 es col·loca al costat de 8 per entrar a la rematada.

4a) 11 passa per damunt i 9 tira per sobre de la barrera (per a un esquerrà),

5a) indirecta: 11 passa per damunt, 9 també, trepitjant la pilota cap a fora i 10 tira per fora,

6a) indirecta: 9 passa per damunt, 11 també, trepitjant la pilota cap a dins i 10 tira per dins.

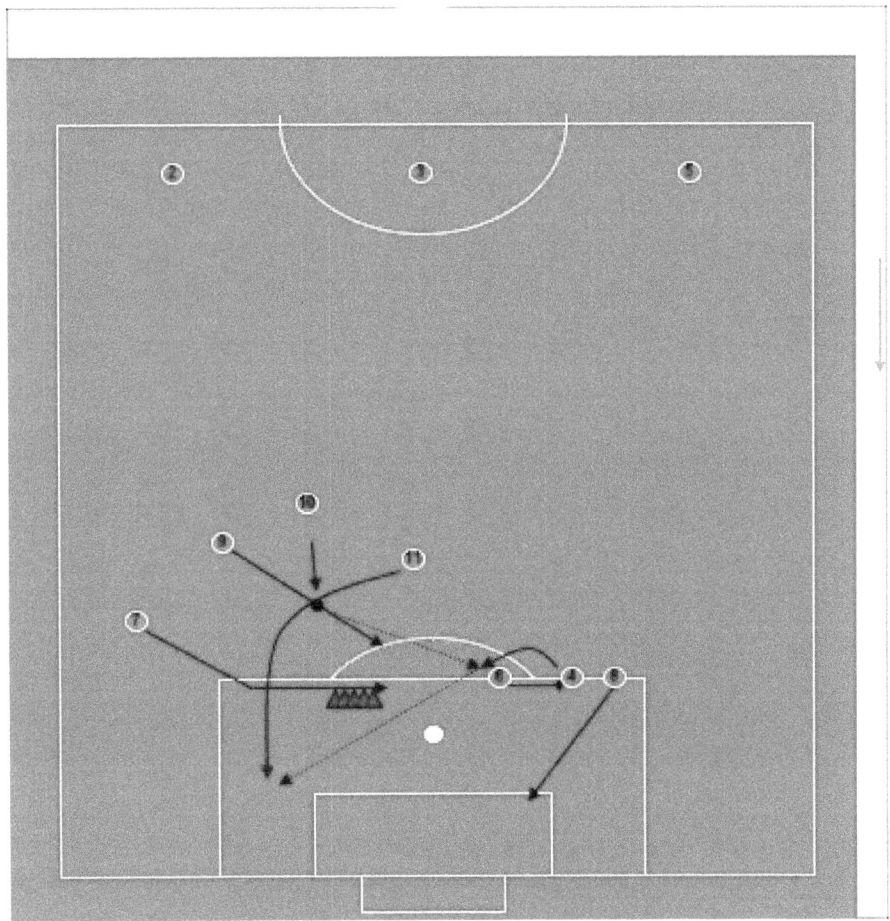

Figura nº 72: faltes en la vora de l'àrea.

4.2.2.3.4. Faltes en zona 3 escorades.

Es tracta de faltes en zona 3, però que estan massa escorades i/o lluny com per tirar directament a porteria.

En la figura nº 73 s'observen les 2 opcions possibles:

1ª) centre directe de 7 sobre l'entrada dels jugadors 10, 8, 9 i 11, que van al primer pal, o sobre 4, que va al segon, aprofitant l'espai lliure que han deixat els anteriors amb el seu moviment d'arrossegament. 6 fa un bloqueig al marcador de 4 perquè aquest entri sol a la rematada.

2ª) el jugador 7 es toca el cabell, i fa una passada en profunditat sobre la carrera de 2, que centra. Els moviments dels altres jugadors són els mateixos, però han d'esperar que 2 rebi la pilota per dur-los a terme per sincronitzar la passada amb els seus desplaçaments.

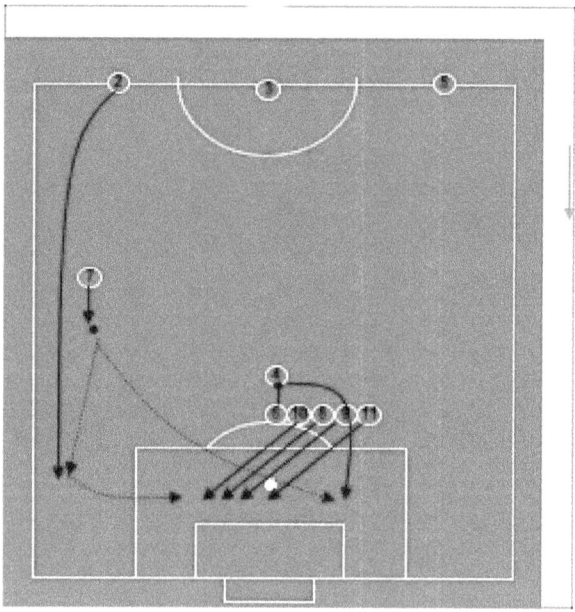

Figura nº 73: faltes en zona 3 escorades.

4.2.2.3.5. Faltes de jugada.

Nomenarem així a les faltes que ens xiulin a favor en zones 1 i 2. Aquestes les iniciarem des de la posició ofensiva, fent alguna de les jugades d'atac organitzat. La figura nº 74 mostra un exemple.

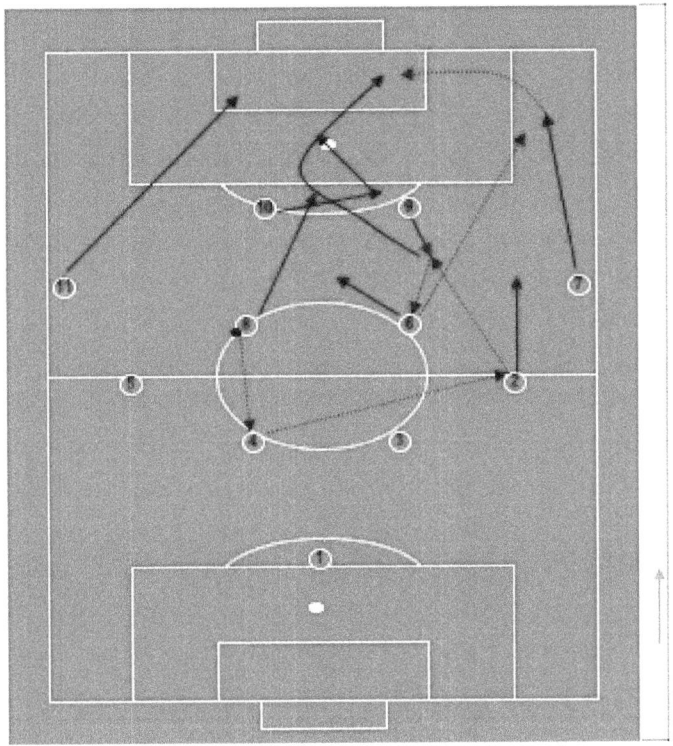

Figura nº 74: faltes de jugada.

4.2.2.3.6. Estratègia defensiva davant pilotes aèries.

En aquest cas simplement es tracta d'un exercici per aconseguir tensió i concentració a l'hora de defensar faltes penjades a la nostra àrea. Es realitzen marcatges individuals. Cada vegada que remati un atacant, els defensors fan una tasca alternativa lleu (3 flexions de braç o abdominals), que serà doble per al responsable de marcar al jugador que ha rematat. Aquest exercici queda representat en la figura nº 75. Els jugadors exteriors van centrant pilotes, un darrere l'altre, perquè els jugadors que estan dins de l'àrea rematin o buidin, segons la seva funció.

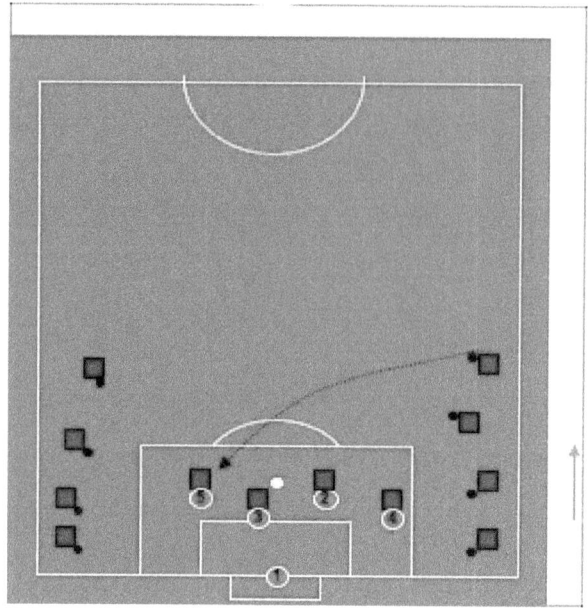

Figura nº 75: estratègia defensiva davant pilotes aèries.

4.2.2.3.7. Serveis de banda en zona 3.

Quan realitzem un servei a l'alçada de l'àrea contrària, ho farem de la següent manera, amb una de les següents quatre opcions (figura nº 76):

1ª) passada a 7, que retorna perquè 2 centri a l'àrea,

2ª) passada a 7 per damunt, que es gira ràpidament fent un canvi de sentit per tirar o centrar,

3ª) el jugador 2 bota la pilota, passada a 10, que passa a 6 perquè tiri a porteria,

4ª) el jugador 2 es toca el cabell, passa a 3, que ve en carrera i tira o centra sobre l'entrada de 6, 8 o 11. Els jugadors 7, 9 i 10 surten per evitar el fora de joc (figura nº 77).

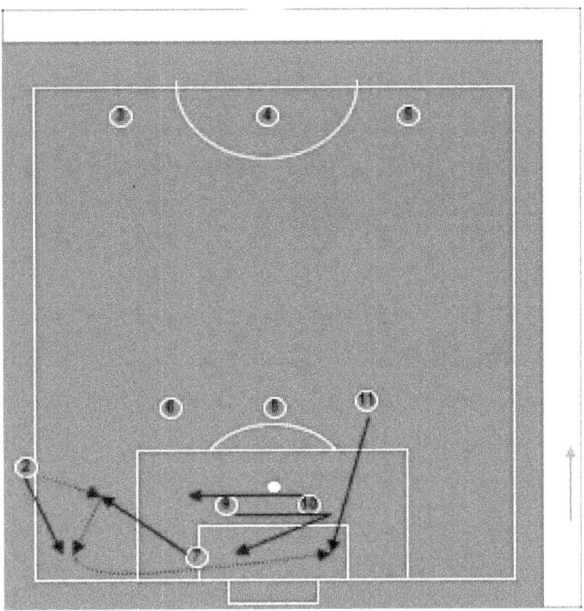

Figura nº 76: serveis de banda en zona 3.

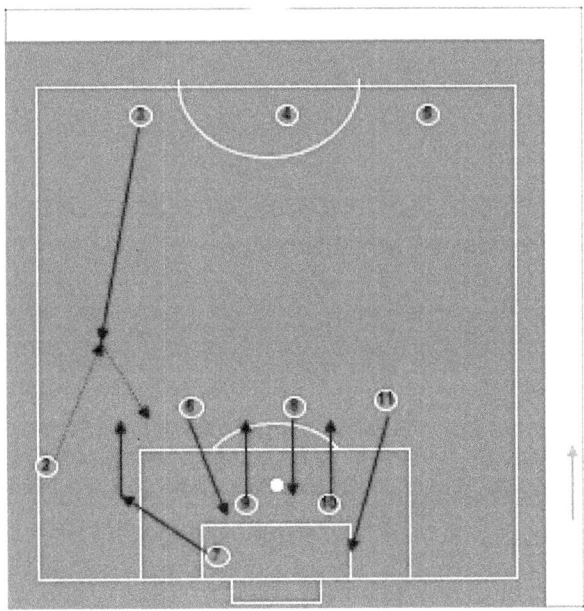

Figura nº 77: sortida per evitar el fora de joc.

4.2.2.3.8. Servei de centre.

Tal com s'observa en la figura nº 78, els dos davanters treuen de centre i fan una passada a 8, que passa a 6 i aquest envia una passada en profunditat a 2, que ha pujat a ocupar l'espai lliure creat per 7, i que centra sobre l'entrada de 7, 9, 10 i 11.

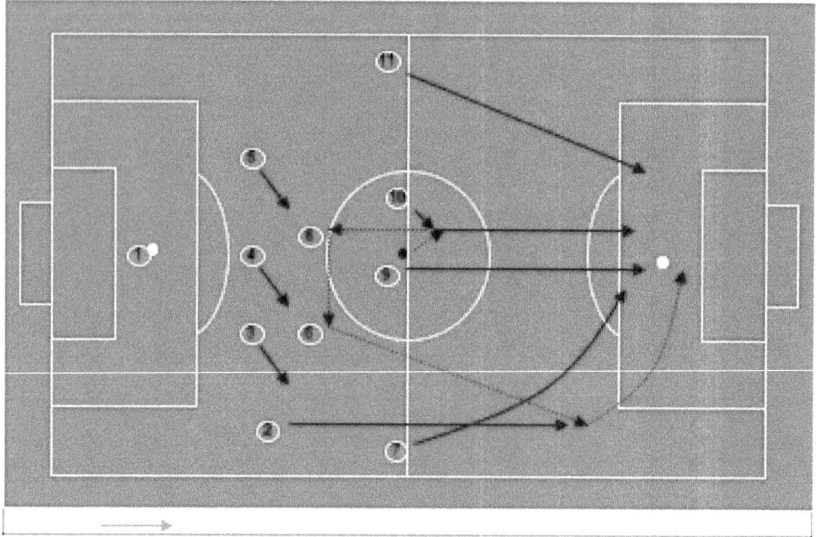

Figura nº 78: servei de centre.

4.2.2.4. Valoració de la tàctica.

Amb l'objecte de comprovar el nivell d'assimilació del treball tàctic, es realitzarà periòdicament un "test tàctic", consistent a realitzar, durant una o diverses sessions, tots els exercicis tàctics proposats per a la categoria (benjamí, infantil...) sense que l'entrenador correigeixi, simplement prenent notes per, a posteriori, fer una anàlisi davant els jugadors dels aspectes a millorar.

4.3. ÀREA DE CONDICIÓ FÍSICA.

La taula nº 3 mostrava els continguts a treballar dins de l'àrea de condició física. En el present apartat anem a detallar com treballar cadascun d'ells.

4.3.1. Resistència.

En la taula nº 5 es pot observar la metodologia d'entrenament proposada de cadascun dels continguts d'entrenament d'aquesta capacitat.

Taula nº 5: metodologia de l'entrenament de la resistència.

Contingut	Mètode d'entrenament	Durada la càrrega	Intensitat	Exercicis	Sèries
AEL-AEG	CONTINU INTENSIU	20-40'	140-170 bpm	Circuits de recorreguts tècnics/cursa sense pilota	1
CAE-PAE	CONTINU VARIABLE 2	20-40'	180-190 bpm durant 3-5' 130-160 bpm durant > 3'	Circuits de recorreguts tècnics/fartlek sense pilota	1
	INTERVÀLIC EXTENSIU MIG	1-3' de treball, 1:30-2' de pausa	165-190 bpm	Exercicis amb pilota/cursa	8-12
CAL-PLA	CONTINU VARIABLE 3	10-20'	140-170 bpm (1 salt/esprint cada 1')	Circuits de recorreguts tècnics/cursa	1-3 (fins a completar una durada total de 10-20')
RC	COMPETICIÓ I CONTROL	30-60'	130-200 bpm (promig de 170-175 bpm)	Partit 11x11 (camp reglamentari de futbol)	1-3 (de 20-45' fins a completar els 30-60' totals)
AER	CONTINU EXTENSIU	20-30'	100-130 bpm	Cursa suau	1

A continuació es justifiquen els continguts d'entrenament per al desenvolupament de la resistència en el futbol, al mateix temps que es proposen alguns exemples de tasques per a la seva millora:

❏ Mixt aeròbic lipolític-aeròbic glucolític **(AEL-AEG)**. Amb la seva millora es busca aconseguir facilitat per a la recuperació, així com per a l'eliminació del lactat. Es pot treballar mitjançant carrera contínua, circuits de recorreguts tècnics amb pilota o jocs amb pilota.

La figura nº 79 mostra un exemple de circuit de recorregut per treballar aquesta capacitat. El jugador comença fent 5 abdominals en el córner, agafa una pilota i condueix en ziga-zaga, passa la pilota a la seva dreta, voreja un con i corre d'esquena, rep una pilota i condueix vorejant cons en direcció al mig camp, on passa la pilota a un company i rep una passada aèria amb la mà d'un company, retornant-la de cap. Es posa en la fila per fer la passada amb la mà a un altre company, es desplaça a un altre con on rep de nou la pilota, conduint amb la cama no dominant fins a la cantonada del camp, on passa la pilota i corre a vorejar una pilota al córner i arribar a la fila on rebrà una pilota, i després de conduir en ziga-zaga realitzarà una paret i tirarà a porteria. Després esperarà per ajudar a fer la paret amb un altre company i es dirigirà al costat de la porteria per recollir la pilota llançada a porteria per un altre company i arribar fent habilitat fins al córner i començar de nou el recorregut.

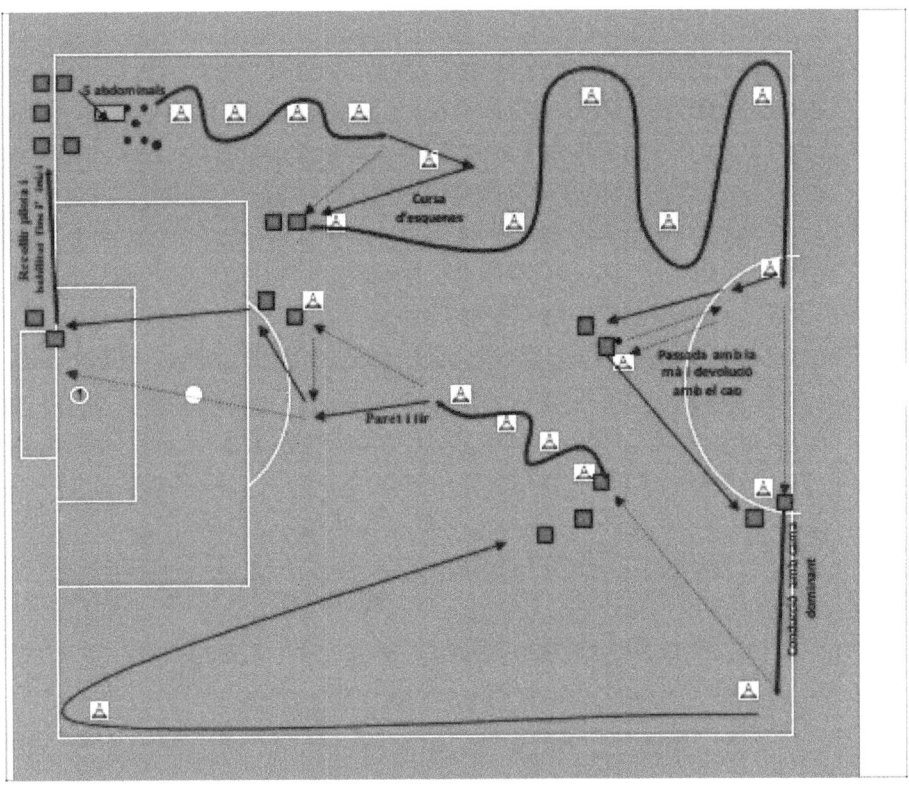

Figura nº 79: exemple d'exercici per al treball d'AEL-AEG.

❑ Mixt aeròbic-anaeròbic làctic (capacitat i potència aeròbiques, **CAE-PAE**). Encara que normalment no es considera la zona anaeròbica com a component d'entrenament en el nivell bàsic, he considerat necessari incloure l'entrenament en zones que van des de l'aeròbica glucolítica fins a altres en les quals ja comença a intervenir el metabolisme làctic, com la capacitat aeròbica, arribant fins i tot a entrar en la potència aeròbica. Justifico això en el fet que el metabolisme aeròbic, que s'està treballant principalment en el nivell bàsic, es precisa en el futbol en totes les seves zones, i no només en les lipolítiques o glucolítiques, a causa del caràcter intermitent i impredictible d'aquest esport. Això argumenta, al meu entendre, intensitats d'entrenament que ens facin entrar, encara que sigui només momentàniament, a la zona làctica. Per a això s'utilitzarien mètodes continus variables i intervàlics.

La figura nº 80 mostra un exercici per al desenvolupament de CAE-PAE mitjançant el "mètode continu variable 2". En la part de baixa intensitat (130-160 bpm) els jugadors juguen un partit al mig camp amb 6 porteries paral·leles a un màxim de tres tocs. Al senyal de l'entrenador o preparador físic, deixen la pilota i corren a ritme fort (180-190 bpm) al voltant del camp durant el temps establert fins a un altre avís. Després tornen a jugar partit, repetint el cicle les vegades que procedeixi.

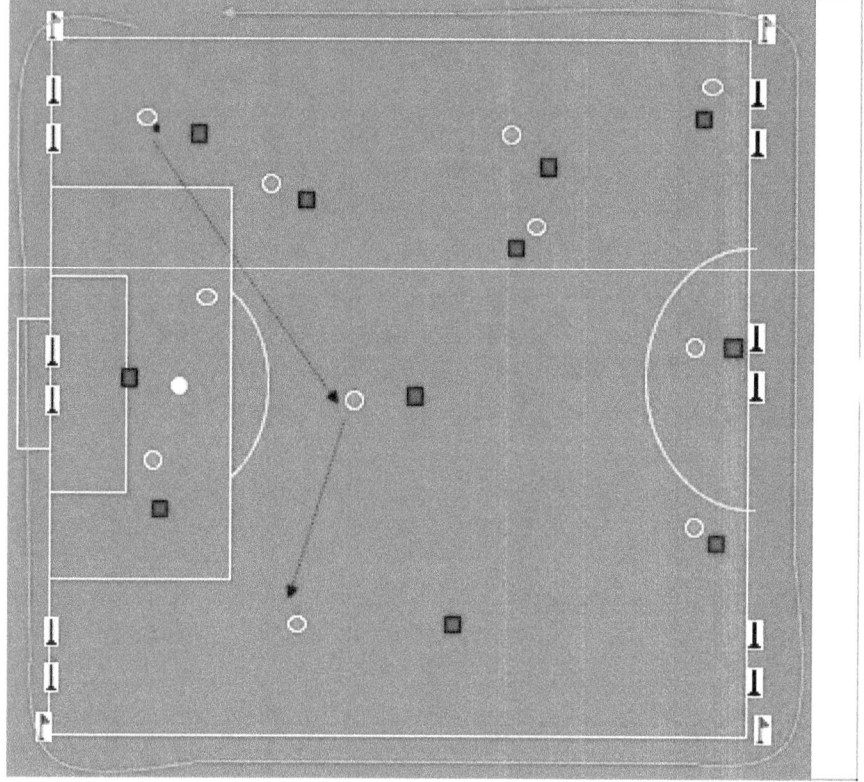

Figura nº 80: exercici per al desenvolupament de CAE-PAE mitjançant el mètode continu variable 2.

❑ Mixt alàctic-làctic (**CAL-PLA**). En el futbol, a nivell específic, es donen esforços alàctics, explosius, però que, per la seva acumulació i densitat, produeixen una saturació en la via anaeròbica alàctica que implica una incursió a la zona làctica. Amb això justifico aquest entrenament mixt alàctic-làctic.

Al no disposar d'un mètode d'entrenament Standard que s'ajusti als esforços específics que volem treballar (alternar esforços de baixa intensitat amb un esforç explosiu cada minut, aproximadament), utilitzaré una variant del mètode continu al que anomenaré "mètode continu variable 3", les condicions del qual de treball ja s'han detallat en la taula nº 5.

La figura nº 81 mostra un exemple de tasca per a l'entrenament de CAL-PLA. Els jugadors, a ritme mitjà, es desplacen en parelles pel camp lliurement passant-se la pilota. Al senyal de l'entrenador, el primer dels dos jugadors (això ja està pactat) realitza un esforç explosiu durant uns 5 segons, mentre l'altre continua conduint. Al cap d'un temps l'entrenador torna a donar el senyal perquè el company realitzi la mateixa acció. Aquest cicle es repeteix cada minut. Cada vegada podem variar l'esforç explosiu a efectuar. Alguns exemples poden ser:

- fer tres salts i sortida en esprint,
- fer força amb l'oposició del company agafant-nos de les mans d'aquest i estirant cap a darrere, i després sortir en esprint,
- fer diversos esprints de 5 metres en ziga-zaga, canviant de direcció,
- fer, consecutivament, esprints de 5 metres cap al davant i cap enrere, canviant el sentit del desplaçament,
- carregar espatlla amb espatlla amb el company i sortida en esprint.

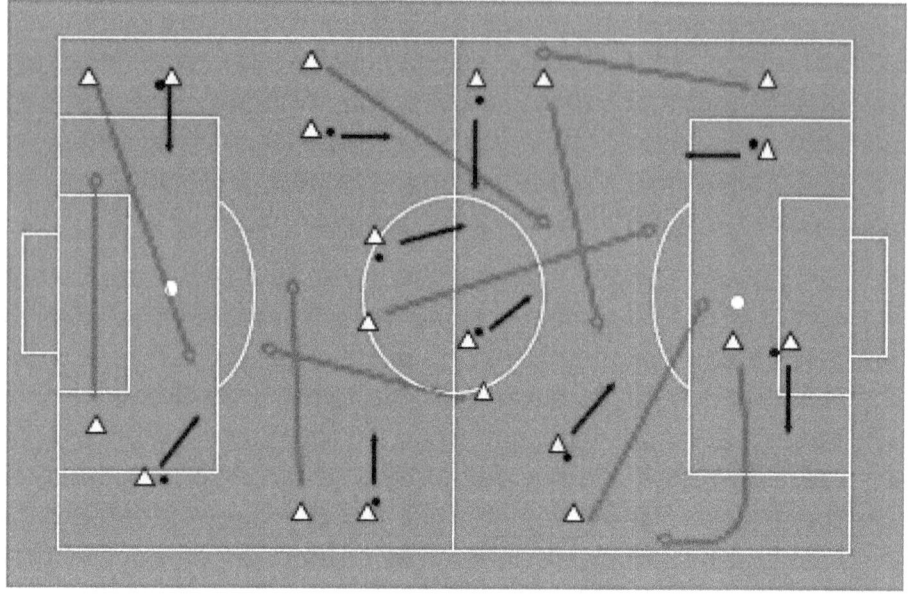

Figura nº 81: d'exercici per al desenvolupament de CAL-PLA mitjançant el mètode continu variable 3.

- Resistència competitiva (**RC**). En el cas del futbol, es tractaria de jugar partits 11x11. És un esforç mixt alàctic-làctic, on la Fc. mitjana és de 170-175 bpm, amb grans oscil·lacions entre 130-200 bpm, en funció de la situació del joc. Per donar major intensitat al joc, podem situar pilotes al voltant del camp perquè els jugadors puguin treure ràpid quan la pilota surti fora del terreny de joc, al mateix temps que es fracciona el partit en 2 o 3 parts, per donar recuperacions que permetin mantenir la intensitat.

- Aeròbic regeneratiu (**AER**), amb finalitats únicament de recuperació.

4.3.2. Força.

La taula nº 6, detalla la metodologia d'entrenament proposada per al desenvolupament de la força en el futbol.

Taula nº 6: metodologia de l'entrenament de la força.

Contingut	Mètode d'entrenament	Sèries	Repeticions per sèrie	Intensitat	Descans entre sèries	Exercicis
CFG	AUTOCÀRREGUES (CIRCUITS de 8-12 estacions)	2-4	15-30	Propi pes corporal	15-30" entre exercicis, 2-3' entre sèries	Exercicis amb propi pes: abdominals, exercicis de braços, cames i tronc
FM	UNITATS D'ENTRENAMENT AMB PERCENTATGES BAIXOS I	3-5	6-12	60-75%	3-5'	Press de banca / Press rere clatell / Politja alta dorsal / Squat / Carregada de força
FM/FE	UNITATS D'ENTRENAMENT AMB PERCENTATGES MÀXIMS I	4-8	1-3	90-100%	3-5'	Press de banca / Press rere clatell / Politja alta dorsal / Squat / Carregada de força
FEE	UNITATS D'ENTRENAMENT EXCÈNTRIC-	3-5 (uns 3-5 exercicis	5-10	Màxima velocitat, amb el propi pes	3-10'	Salt vertical simultani, altern i

Contingut	Mètode d'entrenament	Sèries	Repeticions per sèrie	Intensitat	Descans entre sèries	Exercicis
	CONCÈNTRIC DE MÀXIMA INTENSITAT	del tren inferior més algun del superior i abdominals)		corporal		successiu, sense llast
						Salt horitzontal simultani, altern y successiu, sense llast
						Depth jump
						Counter drop jump aïllats o continus
						Sortides de 5 metres

A continuació es justifiquen i expliquen els continguts i mètodes d'entrenament proposats:

❏ Condicionament físic general (**CFG**): es tracta d'un treball de força-resistència de molt baixa intensitat, utilitzant com a resistència únicament el propi pes corporal ("autocàrregues"), que servirà per enfortir músculs i tendons, preparant-los per al posterior entrenament de força, que serà més intens, al mateix temps que col·labora en l'augment del nivell de força màxima que es dóna paral·lelament al desenvolupament evolutiu del jove esportista. A més, es pot utilitzar, en edats superiors, en els primers dies de la pretemporada, com a adaptació al treball després del període transitori. Els exercicis seran els típics d'abdominals, flexions de braç o cames, desplaçament "a la gatzoneta", rotacions de tronc, etc. Resulta molt útil, en aquests casos, la utilització de circuits d'unes 8-12 estacions o exercicis.

Un exemple de circuit per al desenvolupament d'aquesta capacitat podria ser el que segueix, de 8 estacions:

- abdominals,
- squats (sentadilles),
- flexions de braç,
- carrera en skipping elevant genolls durant 5 metres i tornar al trot suau, repetidament,
- abdominals,
- carrera en skipping elevant talons durant 5 metres i tornar al trot suau, repetidament,
- circunduccions de tronc,
- marxa amb elevació màxima de cama a cada pas, tocant el peu amb la mà contrària.

❏ <u>Força màxima</u> (**FM**): per al desenvolupament d'aquesta, s'utilitzaran les "unitats d'entrenament amb percentatges baixos I", tant en la iniciació al treball de força amb sobrecàrregues, amb esportistes joves que ja porten temps treballant el CFG, com amb els jugadors de major edat com a introducció a un cicle d'entrenament de força amb altres mètodes de major intensitat. En el primer cas, el seu ús pot permetre, simplement mantenint la mateixa intensitat relativa (percentatges) però augmentant la intensitat absoluta (pes), augmentar la força màxima durant diversos anys. Encara que en menor mesura, també permetrà un progressiu augment de la força explosiva (capacitat de generar força per unitat de temps). A més, continua adaptant músculs i tendons a mètodes més exigents. Per dur a terme aquesta forma d'entrenament, ja necessitarem un gimnàs equipat amb màquines de musculació i pesos lliures. Es realitzaran de 3 a 5 sèries de 6-12 repeticions amb cada exercici, realitzant més sèries amb els que impliquin al tren inferior.

La figura nº 82 ens permet observar els exercicis proposats per a l'entrenament de la força amb peses.

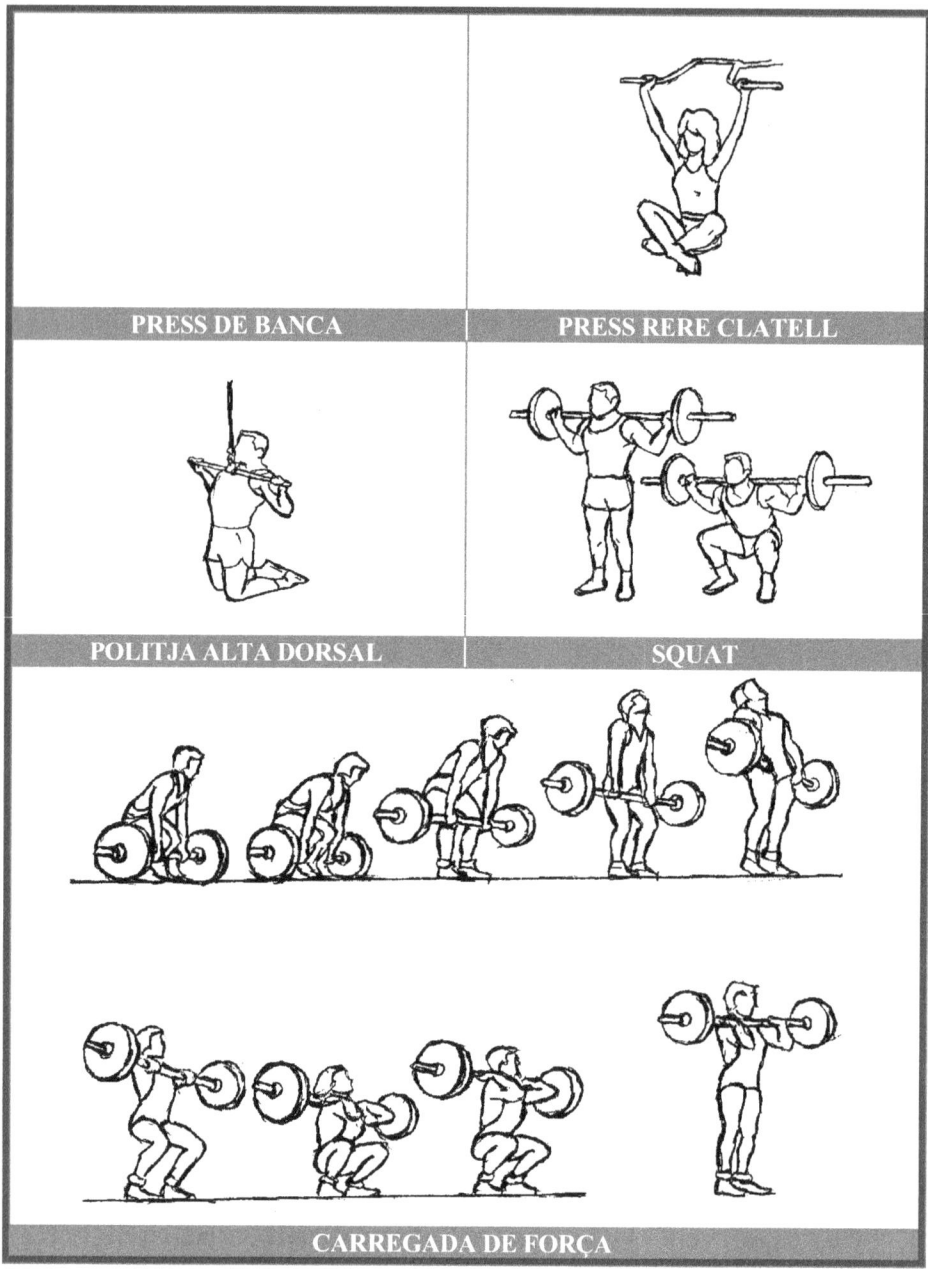

Figura nº 82: exercicis proposats per a l'entrenament de força amb peses.

❏ Força màxima i Força explosiva (**FM/FE**): quan utilitzem les "unitats d'entrenament amb percentatges màxims I" (que seria un tipus d'entrenament del que normalment es coneix com a entrenament de "coordinació intramuscular") desenvolupem tant la força màxima, a nivell neural i sense hipertròfia apreciable, com la força explosiva, malgrat que a causa de la magnitud de la resistència no puguem realitzar el moviment a gran velocitat, doncs entenem aquesta com la capacitat de generar força per unitat de temps. He optat per aquest mètode d'entrenament perquè amb ell podrem desenvolupar una força "aprofitable" per al posterior entrenament de la força elàstic-explosiva, doncs redueix el dèficit de força, la qual cosa significa que podré desenvolupar més força davant resistències inferiors, com passaria en el futbol. Per contra, el mètode de desenvolupament muscular o hipertròfia, a més de fer-nos guanyar pes corporal de forma innecessària, augmenta el dèficit de força, i produeix una gran transformació de fibres IIb a IIa, per la qual cosa ens proporcionarà una força que no serà "aprofitable" davant resistències menors i moviments a gran velocitat. No obstant això, això no vol dir que mai es pugui emprar aquest mètode. El farem servir, en casos puntuals, amb esportistes en els quals, a causa de la seva primesa extrema, es consideri precís augmentar el seu pes mitjançant un augment de massa muscular. No emprarem el mètode de "percentatges màxims I" fins que els jugadors no portin anys de preparació de força, pel risc de lesions que suposa en utilitzar grans resistències, que oscil·laran entre el 90 i el 100% d'una repetició màxima (RM).

❑ Força elàstic-explosiva (**FEE**): en el futbol es donen accions en les quals cal desenvolupar esforços amb resistències petites, sovint amb tan sols el propi pes corporal, que és necessari realitzar a màxima velocitat per superar al contrari, ja sigui en atac o en defensa. Amb aquest mètode de "unitats d'entrenament excèntric-concèntric de màxima intensitat" aconseguirem "transformar" la força màxima i explosiva aconseguida amb els mètodes anteriors en força útil per a les accions que es donen en el futbol. La proposta és fer exercicis amb cicle de estirament-escurçament (CEA) amb el propi pes corporal, fent entre 5 i 10 repeticions per sèrie amb cada exercici. Aquí podem aprofitar per interrelacionar el treball físic amb el tècnic i/o tàctic mitjançant exercicis de FEE seguits d'accions amb pilota.

La figura nº 83 mostra un exemple de tasca amb el qual podem treballar aquesta capacitat, sempre que respectem les pautes del mètode d'entrenament proposat: 3-5 exercicis del tren inferior (més algun d'abdominals o tren superior), i 3-5 sèries de cadascun d'ells de 5-10 repeticions. En aquest cas, amb els jugadors majors es podrien arribar a fer fins a 3-4 sèries o voltes al circuit.

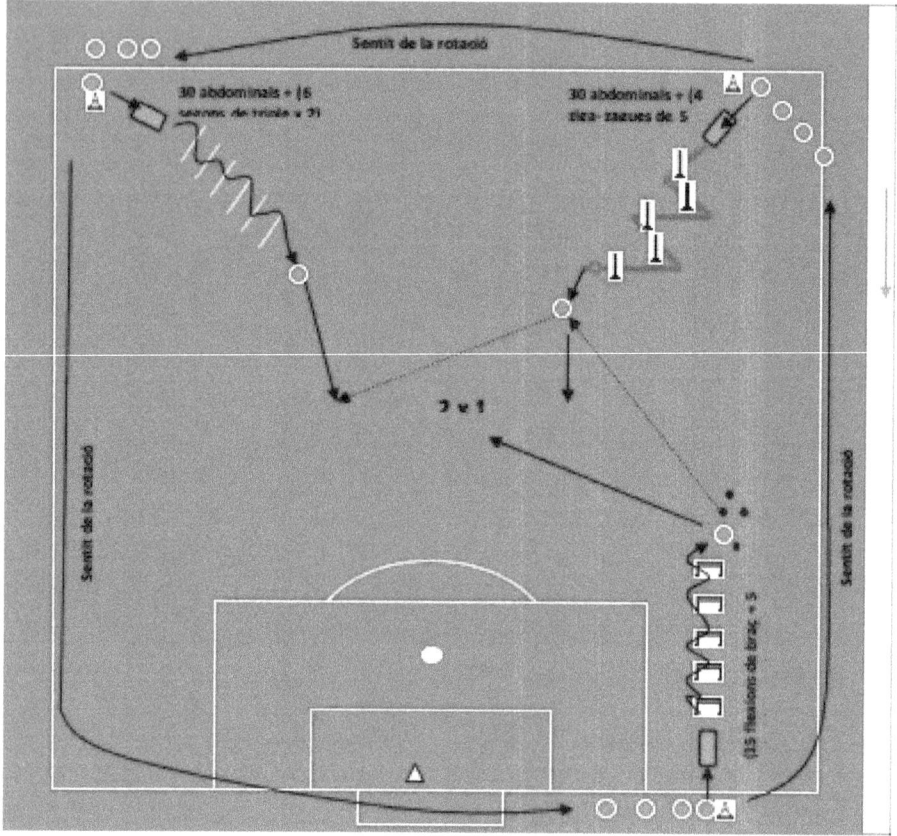

Figura nº 83: exemple d'exercici per a l'entrenament de FEE amb interrelació físic-tècnic-tàctica.

Es podrien fer innombrables variants d'aquest exercici, simplement canviant els esforços explosius. Els que proposo per a l'entrenament de la FEE són els següents:

- **salt vertical** simultani, altern i successiu, sense llast: són salts cap amunt amb les 2 cames (simultani), amb una cama cada vegada (altern) o amb una sola cama (successiu), únicament amb el propi pes corporal.

- **Salt horitzontal** simultani, altern i successiu, sense llast: són salts cap endavant amb les mateixes variants que en el cas anterior.

- **Depth jump**: és un tipus de pliometria consistent a caure d'una certa altura amb bloqueig en l'aterratge.

- **Counter drop** jump aïllats o continus: es tracta d'una variant del drop jump consistent a caure d'una certa altura i saltar, amb una flexió considerable de les articulacions que fa que se sol·liciti en el salt no només el quàdriceps i bessons, sinó també el gluti major, de manera que es potencia fonamentalment la resposta elàstica de la musculatura. Seria un drop jump "lent", mentre que el "bounce drop jump" seria ràpid, i incidiria més sobre el quàdriceps i sobre la resposta reflexa.

- **Sortides de 5 metres:** es refereixen a petites acceleracions, sovint enllaçant diverses d'elles amb canvis de direcció o sentit, de manera que hi hagi també desacceleracions.

4.3.3. Velocitat.

Les condicions de treball per a l'entrenament de velocitat queden escrites en la taula nº 7.

Taula nº 7: metodologia de l'entrenament de la velocitat.

Component	Mètode d'entrenament	Sèries	Macro-pausa	Repeticions por sèrie	Distància	Micro-pausa	Exercicis
VR	Mètode d'accions repetides			10-20	1-5 metres	30"-1'	Resposta a un estímul, preferentment visual, amb o sense pilota
VD	Sèries de repeticions	2-4	3'	2-4	5-15 metres	30"-1'	Sortides en velocitat, principalment amb canvis de direcció i sentit
VO	Distàncies repetides			8-15	5-15 metres	30"-1'	Sortides en velocitat amb pilota, preferiblement amb oposició

Per millorar aquesta capacitat entrenarem els següents continguts, cadascun amb el seu mètode:

❑ Velocitat de reacció (**VR**): durem a terme el seu desenvolupament mitjançant el "mètode d'accions repetides", consistent a realitzar una acció en resposta a un estímul, que pot anar variant, i per tant també pot variar la resposta. Es poden efectuar un o diversos exercicis, per realitzar un total d'unes 10-20 repeticions, que poden consistir en un curt desplaçament d'entre 1 i 5 minuts i/o una acció en la qual calgui fer-se amb la pilota.

A la figura nº 84 veiem un exemple de tasca per a l'entrenament de la VR. En trios, un jugador llança amb les mans una pilota rasa o aèria, i els altres dos, que estan d'esquena, tracten de fer-se amb ella quan la veuen passar.

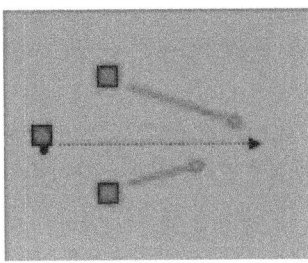

Figura nº 84: exercici per a l'entrenament de la VR.

- <u>Velocitat de desplaçament</u> (**VD**): en realitat entrenarem només una part d'aquest tipus de velocitat, la capacitat d'acceleració, doncs en el futbol la majoria d'esprints són d'uns 10 metres, no donant temps a aconseguir la màxima velocitat. Per mantenir la intensitat en els entrenaments recorrerem al mètode de "sèries repetides", consistent a dividir el total de repeticions en sèries, amb un període de recuperació o pausa major entre elles que entre les repeticions de les quals estan compostes. Tal com passa en el futbol, s'utilitzaran diferents trajectòries que incloguin girs amb els conseqüents canvis de direcció i sentit, i no només carreres en línia recta.

Un exemple de tasca per treballar la VD seria el que es mostra en la figura nº 85.

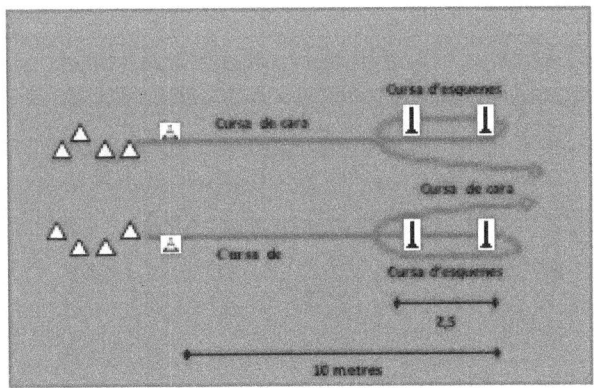

Figura nº 85: exercici per a l'entrenament de la VD.

❑ Velocitat òptima (**VO**): es tracta de la capacitat que permet al futbolista realitzar de forma ràpida i amb gran destresa les accions tècnic-tàctiques i del joc. Podríem dir que és una "capacitat resultant" dels altres dos tipus de velocitat comentats i d'una velocitat gestual específica del futbol, que ja s'entrena en el treball de tècnica d'aquest esport. De gens serveix arribar abans a la pilota si després "te la deixes enrere" o la controles incorrectament. Com pot intuir-se, per al seu entrenament s'utilitzaran accions de velocitat que incloguin el maneig de la pilota, i preferentment amb oposició, perquè el jugador s'apliqui a la màxima intensitat.

La figura nº 86 permet observar un exercici per al desenvolupament de la velocitat òptima. Al senyal de l'entrenador, els 2 jugadors surten a la màxima velocitat vorejant els cons. El primer en arribar a la pilota fa una paret amb el company que espera en la fila lateral i es desmarca per rebre i tirar a porteria. El que arriba més tard tracta d'evitar-ho. Queda clar que no només es treballa la velocitat de desplaçament, sinó que el que es busca és una velocitat "òptima" per al joc, que inclou, a més de la de desplaçament, la gestual i la de reacció.

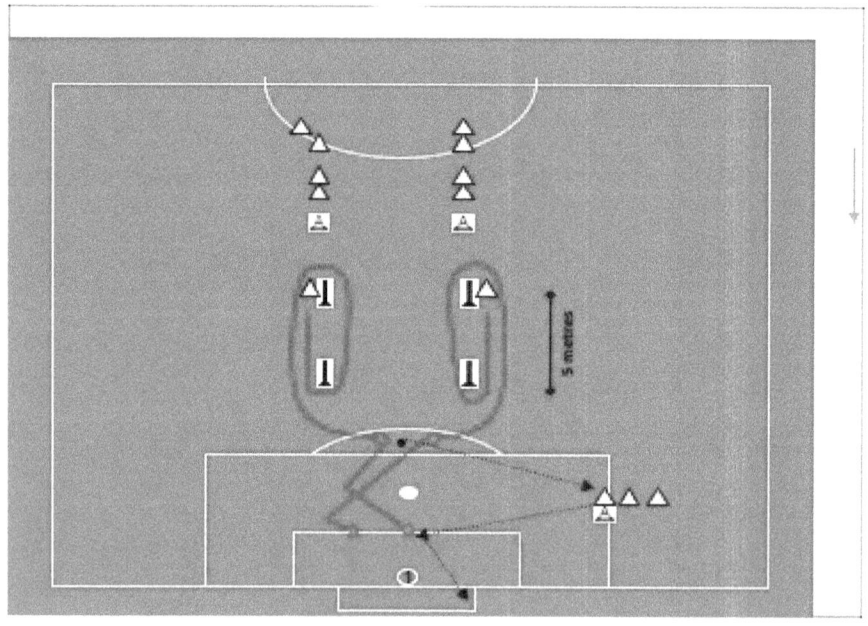

Figura nº 86: exercici per a l'entrenament de la VO.

4.3.4. Flexibilitat.

Tant els continguts d'entrenament d'aquesta capacitat com els mètodes utilitzats per a la seva preparació queden definits en la taula nº 8.

Taula nº 8: metodologia de l'entrenament de la flexibilitat.

Component	Mètode d'entrenament	Repeticions per sèrie	Temps/ rebots	Exercicis
FLD	Mètode dinàmic balístic	1-3	8-12 rebots	Estiraments individuals en moviment
FLE	Mètode estàtic lliure	1-3	20-30"	Estiraments individuals
	Mètode estàtic passiu	1-3	20-30"	Estiraments per parelles

Encara que aquesta capacitat no ens permetrà, en principi, rendir a major nivell en el futbol, no és menys cert que el seu treball és indispensable en la prevenció de lesions. Per entrenar-la distingirem dues formes de manifestació d'aquesta capacitat:

o Flexibilitat dinàmica (**FLD**): ens permetrà prevenir lesions i realitzar moviments suficientment amplis. Per a això utilitzarem el *"mètode dinàmic balístic"*, consistent a realitzar estiraments aplicant moviments balístics, com poden ser els rebots. Aquest pot ser útil per a l'escalfament, utilitzat en l'ultima part d'aquest, doncs activa la musculatura preparant-la per a esforços explosius

o Flexibilitat estàtica (**FLE**): ens servirà per prevenir lesions i facilitar processos de recuperació. En aquest cas utilitzarem mètodes estàtics:

- *Mètode estàtic lliure*: són els típics estiraments individuals, on l'esportista manté una posició durant un temps determinat.

- Mètode estàtic passiu: en aquest cas l'estirament es fa per parelles, sent el company el que produeix l'estirament de l'articulació del company "passiu", també mantenint-lo sense moviment.

En la figura nº 87 es pot veure un exemple d'estirament individual amb cadascun dels grups musculars que s'han d'estirar en el futbol quan s'estira individualment. Aquests estiraments, i qualsevol un altre individual que estiri aquests grups musculars, es poden utilitzar tant si treballem de forma estàtica com si ho fem de forma dinàmica.

Figura nº 87: grups musculars a estirar en el futbol. Exemples d'estiraments.

Quant als estiraments per parelles, els utilitzarem bàsicament amb els grups musculars de les extremitats inferiors. En la figura nº 88 es proposen estiraments d'aquest tipus per als principals grups musculars del tren inferior.

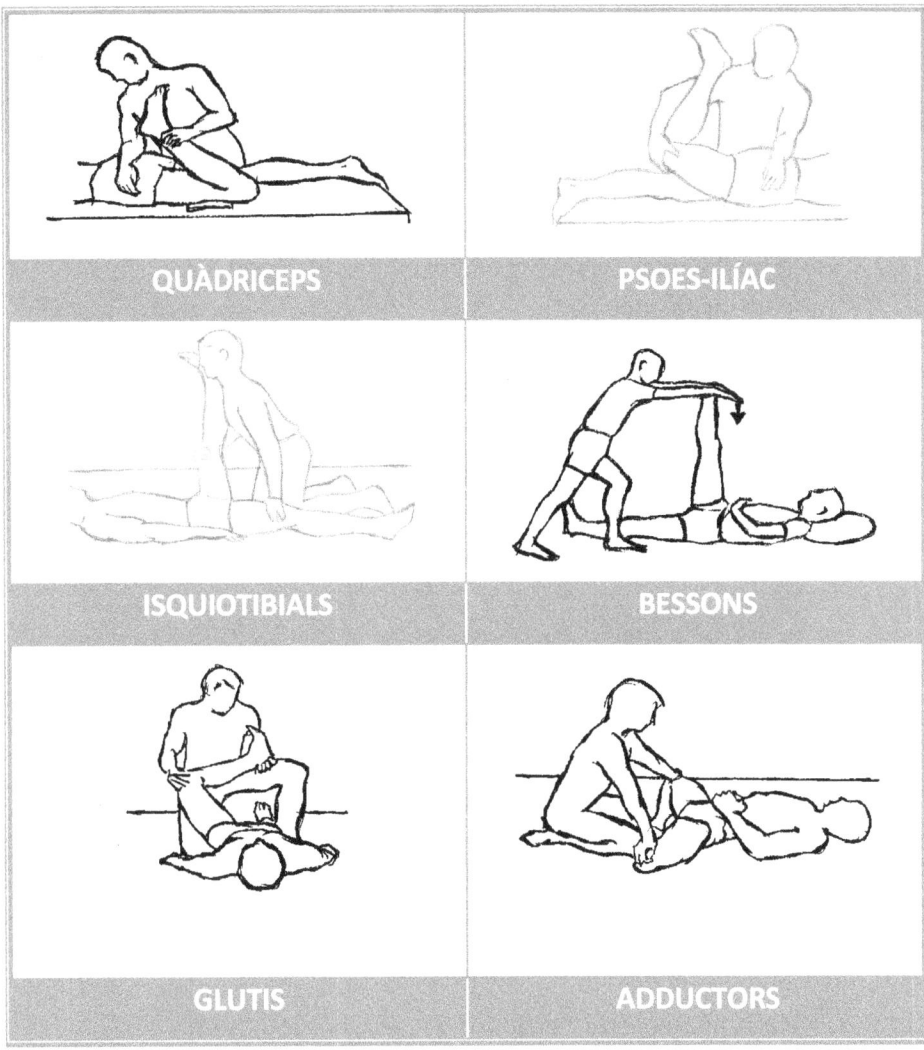

Figura nº 88: exemples de estiraments per parelles per als principals grups musculars del tren inferior.

4.3.5. Valoració de la condició física.

Per avaluar l'estat de forma de l'esportista proposo tres proves senzilles: una per a la velocitat de desplaçament, una altra per a la força, i una altra per a la resistència. A continuació es detallen els seus protocols.

❖ Prova de velocitat: **5 x 10 metres**.

Es tracta d'una prova que mesura la velocitat, en concret la capacitat d'acceleració, aspecte determinant en el futbol. Es realitzaran dos intents no consecutius, anotant el millor temps. En la figura nº 89 es pot veure aquesta prova. El jugador es situarà entre els dos cons, i al senyal de l'entrenador recorrerà els 10 metres pel passadís format pels cons, trepitjant entre els cons i pivotant fins a haver realitzat 5 vegades el recorregut.

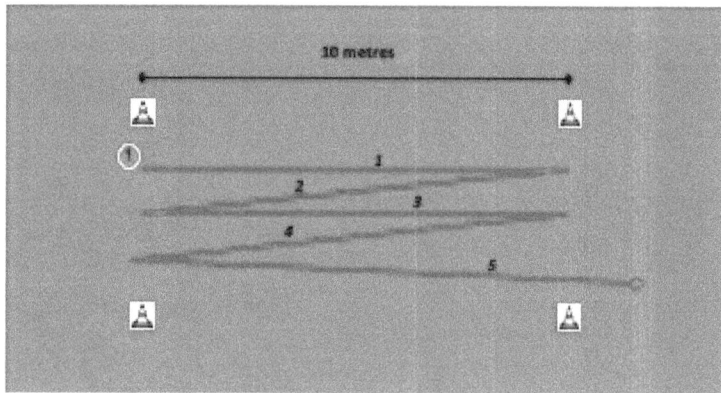

Figura nº 89: prova de velocitat: 5 x 10 metres.

Material necessari: cronòmetre, cons i cinta mètrica.

❖ Prova de força: **detent horitzontal**.

Es tracta d'una prova que mesura la força elàstic-explosiva del tren inferior (figura nº 90). Es realitzaran 2 intents consecutius, anotant el millor. El jugador es situarà davant la línia, amb els peus a la mateixa alçada, separats a l'amplada de les espatlles, i realitzarà un salt cap endavant, amb moviment d'impuls previ. Es mesurarà el salt des de la part més endarrerida del cos en caure.

Figura nº 90: test de detent horitzontal.

Material necessari: cinta mètrica.

❖ Prova de resistència: **course-navette**.

Es tracta d'una prova que mesura la potència aeròbica màxima. Es realitzarà un únic intent, tots els jugadors al mateix temps. En els girs cal frenar i pivotar, sense sortir-se del passadís imaginari marcat pels dos cons que delimiten el seu carrer (figura nº 91). El jugador ha de seguir el ritme imposat per la cinta, fins que no pugui més. Aquest és el seu resultat.

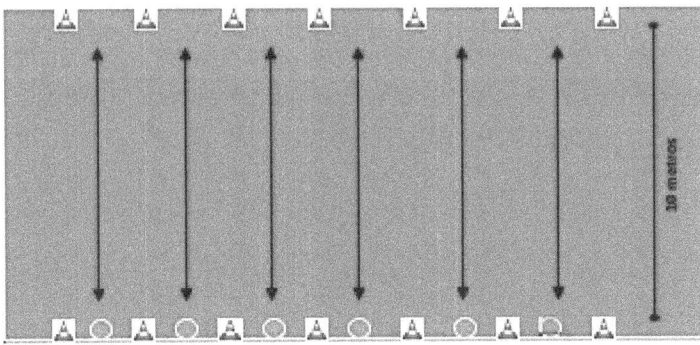

Figura nº 91: test de course-navette.

Material necessari: cons, equip de música, cinta o CD de course-navette i cinta mètrica.

Amb aquesta prova podem determinar el VO2 màx. del jugador. Això ho podem fer, o bé a partir d'una fórmula o bé a partir d'una taula amb els valors ja calculats sobre la base de la fórmula anterior.

La figura nº 92 mostra la fórmula per al càlcul del VO_2 màx. en ml/kg·min, on:

⇨ v = velocitat màxima aconseguida en l'últim palier de la prova, mesurada en Km/h,

⇨ e = edat del subjecte, en anys.

$$VO_2 \text{ màx} = 31{,}025 + 3{,}238 \cdot v - 3{,}248 \cdot e + 0{,}1536 \cdot v \cdot e$$

Figura nº 92: fórmula per al càlcul del VO_2 màx. a partir del resultat obtingut en el test de course-navette.

Aquesta fórmula és vàlida des dels 6 als 18 anys. D'aquí endavant el valor serà sempre el mateix, amb independència de l'edat.

En la taula nº 9 es presenten els valors des de primer any de benjamins (8 anys) fins a últim de juvenils (18 anys) i posteriors edats.

Taula nº 9: taula de predicció del VO_2 màx. a partir dels valors obtinguts en la course-navette.

Palier (min)	Velocitat (Km/h)	VO_2 màx (ml·kg^{-1}·min^{-1}) Edat del jugador									
		8	9	10	11	12	13	14	15	16	17	18 o més
1	8,5	43,0	41,1	39,1	37,2	35,2	33,3	31,4	29,4	27,5	25,5	23,6
2	9	45,2	43,4	41,5	39,6	37,8	35,9	34,1	32,2	30,3	28,5	26,6
3	9,5	47,5	45,7	43,9	42,1	40,3	38,5	36,7	35,0	33,2	31,4	29,6
4	10	49,7	48,0	46,3	44,6	42,9	41,2	39,4	37,7	36,0	34,3	32,6
5	10,5	51,9	50,3	48,7	47,0	45,4	43,8	42,1	40,5	38,9	37,2	35,6
6	11	54,2	52,6	51,1	49,5	47,9	46,4	44,8	43,3	41,7	40,2	38,6
7	11,5	56,4	54,9	53,4	52,0	50,5	49,0	47,6	46,0	44,6	43,1	41,6
8	12	58,6	57,2	55,8	54,4	53,0	51,6	50,2	48,8	47,4	46,0	44,6
9	12,5	60,9	59,6	58,2	56,9	55,6	54,2	52,9	51,6	50,3	48,9	47,6
10	13	63,1	61,9	60,6	59,4	58,1	56,9	55,6	54,4	53,1	51,9	50,6
11	13,5	65,3	64,2	63,0	61,8	60,6	59,5	58,3	57,1	56,0	54,8	53,6
12	14	67,6	66,5	65,4	64,3	63,2	62,1	61,0	59,9	58,8	57,7	56,6
13	14,5	69,8	68,8	67,8	66,8	65,7	64,7	63,7	62,7	61,6	60,6	59,6
14	15	72,0	71,1	70,2	69,2	68,3	67,3	66,4	65,4	64,5	63,6	62,6
15	15,5	74,3	73,4	72,5	71,7	70,8	69,9	69,1	68,2	67,3	66,5	65,6
16	16	76,5	75,7	74,9	74,1	73,4	72,6	71,8	71,0	70,2	69,4	68,7
17	16,5	78,7	78,0	77,3	76,7	75,9	75,2	74,5	73,8	73,0	72,3	71,6
18	17	81,0	80,3	79,7	79,1	78,4	77,8	77,2	76,5	75,9	75,3	74,6
19	17,5	83,2	82,7	82,1	81,5	81,0	80,4	79,9	79,3	78,7	78,2	77,6
20	18	85,4	85,0	84,5	84,0	83,5	83,0	82,5	82,1	81,6	81,1	80,6

4.4. ÀREA DE PREPARACIÓ PSICOLÒGICA.

A continuació faig una proposada intervenció psicològica per al futbol, que serà duta a terme pel propi entrenador, tutoritzat pel psicòleg esportiu del club, amb excepció d'alguns aspectes, que per la seva complexitat seran duts a terme per aquest últim.

Però abans, crec que és interessant parlar de la persona que té la màxima responsabilitat sobre la millora dels jugadors: l'entrenador. I aquest haurà d'estar "dotat" psicològicament per dur a terme la seva feina, igual que els esportistes d'alt nivell ho han d'estar per rendir en les competicions d'elit. Així, les característiques que considero que un entrenador ha de reunir per rendir al món de l'alt rendiment són les següents:

> ⮞ Alta tolerància a l'estrès, a causa de la pressió a la qual està sotmès per part dels mitjans de comunicació, directiva, afició i els propis jugadors.

> ⮞ Motivació. Una alta motivació ajudarà a l'entrenador a realitzar totes les seves comeses que conformen el seu treball i a superar els moments més delicats. A més, els jugadors seran "contagiats" per aquesta alta o baixa motivació, doncs observen, dia a dia, la seva conducta.

> ⮞ Autoconfiança. A causa de l'enorme pressió, l'entrenador es preguntarà, en ocasions, si està realment capacitat per treure la situació endavant. Així, un grau alt d'autoconfiança afavoreix la motivació, mentre que un baix grau afavoreix l'estrès.

> ⮞ Nivell d'activació. Igual que succeeix amb el jugador, l'entrenador ha d'aprendre a identificar quin és el seu nivell d'activació òptim, que li permetrà rendir millor en les seves funcions. Si està massa relaxat, serà impossible transmetre energia als seus jugadors, i si està massa alterat, els transmetrà nerviosisme.

> ⮞ Conducta atencional. L'entrenador ha de mantenir-se concentrat al que succeeix en l'entrenament o partit, no distreure's, però a més ha de tenir una atenció "selectiva", en els aspectes claus d'aquesta sessió o partit (ser capaç d'observar si els seus jugadors fan els moviments tàctics adequats, observar el sistema de joc del contrari, la seva forma de jugar la pilota en atac...).

4.4.1. Sociograma.

Quan la dinàmica del grup ja estigués establerta, és a dir, els jugadors ja portessin suficient temps junts com per conèixer-se, passaria un test sociomètric als jugadors per realitzar un sociograma i una matriu sociomètrica, amb l'objecte de conèixer al líder o líders socials de l'equip. El líder de tasca ja se sap quin és, doncs s'evidencia en el propi terreny de joc qui és el "jugador estrella", aquell al que els companys sempre passen la pilota i desitgen que estigui sempre en el camp. Però el líder social o "líder de vestuari", és a dir, aquell a qui tots els esportistes escolten i respecten quan han de prendre decisions conjuntament, no té per què ser el mateix, i és necessari saber qui és realment aquest líder, doncs ens pot facilitar l'acceptació de normes per part de la plantilla, o per contra, si veiem que hi ha una certa "resistència passiva" a complir aquestes ordres, podem sospitar que aquest líder està darrere d'aquesta negativa a acatar les directrius de l'entrenador. No es tracta ni de tenir-li por, ni d'utilitzar-ho com a "cap de turc", però sí de tenir-ho controlat per assegurar-nos una dinàmica del grup en les condicions que ens interessi.

Tornant al test sociomètric, aquestes quatre preguntes que formularia als jugadors serien:

- ⇨ Indica aquells companys del teu equip als quals triaries per mantenir una reunió amb la directiva en nom de la plantilla.
- ⇨ Indica aquells companys del teu equip als quals no triaries per mantenir una reunió amb la directiva en nom de la plantilla.
- ⇨ Indica aquells companys del teu equip que creguis que t'han triat per mantenir una reunió amb la directiva en nom de la plantilla.
- ⇨ Indica aquells companys del teu equip que creguis que no t'han triat per mantenir una reunió amb la directiva en nom de la plantilla.

Aquesta activitat la durà a terme el psicòleg del club, passant després els resultats a l'entrenador.

El sociograma es construeix traçant línies d'elecció o rebuig d'un jugador a un altre posant la fletxa en la direcció que procedeixi. La figura nº 93 mostra un exemple de sociograma en un grup de cinc jugadors, en el qual el jugador nº 2 rep tres eleccions, mentre que els jugadors 1 i 4 reben una, i els jugadors 3 i 5 cap.

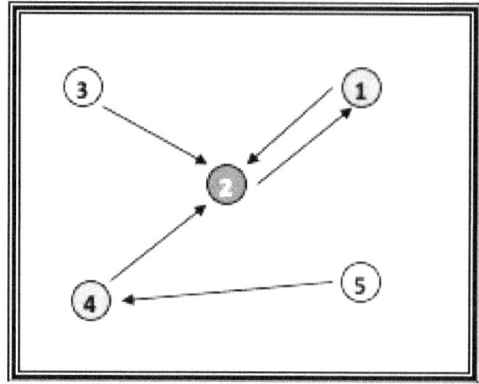

Figura nº 93: exemple de sociograma.

A part d'això, podem confeccionar una matriu sociomètrica o sociomatriu, on registrarem les dades de les respostes ofertes pels jugadors. Es construirà una matriu per a cadascuna de les preguntes que hagin estat formulades. A la seva vegada, cada taula estarà formada per tantes caselles horitzontals i verticals com a esportistes tinguem en l'equip objecte d'anàlisi. S'agafaran una per una les respostes dels jugadors a cada pregunta i es posarà a l'alçada de la seva fila un signe positiu o negatiu en la columna que correspongui al company que hagi triat o rebutjat. El signe serà positiu per a les eleccions i negatiu per als rebutjos. Per a les eleccions/rebutjos mutus col·locarem un parèntesi al voltant dels signes. La taula nº 10 correspon al sociograma anterior representat mitjançant una sociomatriu.

Taula nº 10: exemple de sociomatriu.

	1	2	3	4	5
1		(+)			
2	(+)				
3		+			
4		+			
5				+	
Eleccions rebudes	1	3	0	1	0

A més, a partir d'una taula es poden elaborar diferents índexs sociomètrics. A continuació es detallen els que considero que poden ser més útils per al nostre propòsit de conèixer qui o quins són els líders socials. Els tres primers ens aporten dades individuals, mentre que els dos últims ho fan amb dades a nivell grupal.

- **Índex de popularitat**: indica el popular que és cada subjecte, és a dir, les eleccions rebudes per cadascun dels esportistes del grup. El seu càlcul es realitza mitjançant la següent fórmula:

$$Pop = \frac{S}{N-1}$$ on: Se = nombre d'eleccions rebudes per l'esportista
N = nombre d'esportistes de l'equip

- **Índex d'antipatia:** indica lo "antipàtic" que és cada subjecte, és a dir, els rebutjos que rep cada subjecte dins del grup. Ho calcularem amb aquesta fórmula:

$$Ant = \frac{Sr}{N-1}$$ on: Sr = nombre de rebutjos rebuts per l'esportista
N = nombre d'esportistes del grup

- **Estatus sociomètric:** es defineix com un indicador de la "estima" que rep cada persona dins del grup, la qual cosa permet determinar la posició que ocupa cada membre dins del grup. Es diferencia de l'índex de simpatia perquè té en compte tant les eleccions com els rebutjos rebuts per cada jugador, així com la percepció que té d'això el propi jugador. Aquest índex pot aconseguir valors positius o negatius, sent el valor zero un indicador de posició neutra, el valor màxim de +2 i el mínim el de –2. La fórmula per al seu càlcul és:

$$ES = \frac{(Se + Ep) - (Sr + Pr)}{N-1}$$ on: Sr = nombre d'eleccions rebudes per l'esportista
Ep = eleccions percebudes
Sr = nombre de rebutjos rebuts
Pr = nombre de rebutjos percebuts

- **Índex de cohesió (o d'associació):** es defineix com el valor de la unió que es produeix entre els membres del grup, és a dir, que ens indica la mesura en què els membres d'un equip es trien entre si. La seva fórmula de càlcul és:

$$IC = \frac{SRe}{N(N-1)}$$ on: SRe = nombre total d'eleccions
N = número total d'esportistes del grup

- **Índex de dissociació:** és un índex similar a d'anterior, que fa referència al grau d'enfrontament existent dins d'un grup esportiu. La seva fórmula de càlcul té en compte els rebutjos recíprocs:

$$ID = \frac{SRr}{N(N-1)}$$ on: SRr = nombre total de rebutjos recíprocs entre els esportistes
N = nombre total d'esportistes del grup

4.4.2. Sistema d'avaluació conductual dels entrenadors (SECE/CBAS).

Amb la finalitat de que sigui el propi entrenador el que, amb la seva conducta, sigui capaç d'aconseguir que l'esportista aconsegueixi el seu màxim rendiment en competició, proposo utilitzar un codi d'observació denominat sistema d'avaluació conductual dels entrenadors (SECE), també conegut com Coaching Behavior Assessment System (CBAS).

Així, seria el psicòleg el que observarà i analitzarà la conducta de l'entrenador durant un partit de futbol complet a l'inici de la temporada utilitzant el CBAS, per posteriorment passar-li els resultats indicant-li quins aspectes convindria que millorés per ajudar psicològicament als jugadors a tenir un millor rendiment competitiu. Aproximadament a meitat de temporada es tornaria a realitzar la prova, comprovant els resultats obtinguts amb els inicials. Després de proposar, en cas que procedís, noves millores en la conducta de l'entrenador, es tornaria a dur a terme la prova a final de temporada.

El CBAS conté dotze categories de conductes a observar dividides en dos grans factors generals:

- factor I o conductes reactives, que són les accions que realitza l'entrenador una vegada que el comportament de l'esportista s'ha produït, i es divideixen en tres:
  - respostes davant execucions desitjables:
    - reforç (R): reaccions positives (verbals o no), de premi, davant un bon joc o esforç,
    - no-reforç (NR): fracàs en l'emissió d'una resposta davant una bona execució,
  - respostes davant errades:
    - alè contingent a l'errada (AE): alè (ànims) proporcionat a un jugador després d'una errada,
    - instrucció tècnica contingent a l'errada (ITE): instruir o demostrar a un jugador com corregir l'errada que ha comès,
    - punitiva (P): resposta negativa, ja sigui verbal o no, davant una errada comesa,
    - instrucció tècnica punitiva (ITE+P): instrucció tècnica que segueix a un error, però proporcionada de forma punitiva o hostil,
    - ignorar els errors (IE): fracàs en l'emissió d'una resposta enfront de l'error del jugador,
  - respostes davant conductes inadequades:
    - manteniment del control (MC): reaccions encaminades a restablir o mantenir l'ordre entre els membres de l'equip,
- factor II o conductes espontànies, que són les que inicia l'entrenador i no són una resposta a una acció realitzada per l'entrenador. Aquestes es divideixen en dos:
  - relacionades amb el joc:

- instrucció tècnica general (ITG): instrucció espontània de les tècniques i estratègies de l'esport (no amb posterioritat a un error),
- alè general (AG): alè espontani que es mostra sense que li precedeixi un error,
- organització (O): conducta administrativa que determina l'organització del joc mitjançant l'assignació de tasques, responsabilitats, posicions, etc.,

♠ irrellevants per al joc:

- comunicació general (CG): interaccions amb els jugadors no relacionada.

El full de registre de dades que utilitza el sistema CBAS es mostra en la taula nº 11.

Taula nº 11: full de registre del CBAS..

Nom de l'observador:		Data:	
Partit:		Lloc:	
Nom de l'entrenador:			
FACTOR I: CONDUCTES REACTIVES:			
Categories	Ocurrències	Totals	Percentatge
Davant conductes desitjables:			
R			
N-R			
Davant errades:			
AE			
ITE			
P			
ITE-P			
IE			
Davant conductes inadequades:			
MC			
FACTOR II: CONDUCTES ESPONTÀNIES:			
Categories	Ocurrències	Totals	Percentatge

Relacionades amb el joc:			
ITG			
AG			
O			
Irrellevants per al joc:			
CG			
Ocurrències totals de totes les categories:			

Utilitzant aquest full de registre, el psicòleg del club podrà analitzar l'actuació de l'entrenador durant un partit complet. Una vegada obtinguts les dades, i sabent el nombre d'ocurrències de cadascuna de les conductes analitzades, l'índex conductual més útil i fiable és el percentatge de conductes dins de cada categoria codificada, motiu pel qual he inclòs una columna al full de registre en la qual es col·locarà el percentatge de cadascuna d'elles. I serà aquest el que utilitzem com a unitat d'anàlisi per comparar els resultats obtinguts cada vegada que es passi la prova.

4.4.3. Qüestionari de característiques psicològiques relacionades amb l'alt rendiment esportiu (CPRD).

El CPRD és un autorregistre molt complet que ens proporciona informació del jugador sobre cinc factors principals:

- o *control de l'estrès*: en aquest factor s'inclouen ítems relacionats amb l'autoconfiança, l'ansietat i l'atenció en la competició esportiva. Una puntuació alta en aquest factor indica que l'esportista disposa de recursos psicològics per controlar l'estrès relacionat amb la seva participació en competicions esportives,

- o *influència de l'avaluació del rendiment*: aquest factor es centra específicament en l'impacte que tenen situacions estressants característiques de la competició esportiva, relacionades amb el rendiment de l'esportista i l'avaluació del mateix per part d'altres persones (entrenador, companys, contraris o públic) o del propi esportista. Els esportistes que obtenen una alta puntuació en aquest factor, mostren un alt control de l'impacte d'una avaluació negativa sobre el seu rendiment procedent d'ells mateixos o d'altres persones. És a dir, que a l'esportista no li afecten negativament el que puguin dir d'ell,

- o *motivació*: aquest factor es refereix a la motivació més bàsica i estable per l'activitat esportiva i també a la motivació més quotidiana pel dia a dia. En el primer pas, els ítems es centren en l'interès que l'esportista té per la seva activitat, la importància que li concedeix a l'esport i a la seva disposició a dedicar-se a ell amb els costos que comporta. En el segon cas, l'escala inclou ítems relacionats amb l'actuació diària de l'esportista, reflectint la seva disposició i afrontament respecte al treball quotidià. Una puntuació alta, indica un estat motivacional adequat per atendre les exigències i demandes de l'entrenament esportiu, i de l'activitat en general,

- o *habilitat mental*: Aquest factor recull una sèrie d'habilitats mentals que repercuteixen en el funcionament de l'esportista en benefici del seu rendiment. Una puntuació alta, indica que l'esportista disposa d'uns recursos que poden ajudar a rendir millor,

- o *cohesió de l'equip*: Aquest factor es refereix a la cohesió grupal, amb ítems centrats en la cohesió social o relació informal, i ítems centrats en la cohesió amb l'activitat esportiva. Una puntuació alta, indica una bona disposició de l'esportista a treballar en equip.

Tots aquests aspectes són importants en el futbol, especialment l'últim, per tractar-se d'un esport d'equip.

La taula nº 12 mostra el full d'autorregistre del qüestionari CPRD que passarem a cada jugador perquè l'empleni, que consta de 55 ítems.

Taula nº 12: full d'autorregistre del CPRD.

CPRD
Qüestionari de característiques Psicològiques relacionades amb el Rendiment Esportiu
Instruccions: contesti, si us plau, a cadascuna de les següents qüestions, indicant **en quina mesura es troba d'acord** amb elles. Com podrà observar, existeixen cinc opcions de resposta. Triï la que desitgi, segons es trobi més o menys d'acord, marcant amb una creu el lloc corresponent. En el cas que no entengui el que vol dir exactament alguna de les preguntes, marqui amb una creu a l'ultima columna (NE = no entenc).

Totalment en desacord				Totalment d'acord
1	2	3	4	5

	ÍTEMS	1	2	3	4	5	NE
1	Solc tenir problemes concentrant-me mentre competeixo.						
2	Mentre dormo, solc "donar-li moltes voltes" al partit en el qual he de participar.						
3	Tinc una gran confiança en la meva tècnica.						
4	De vegades no em trobo motivat per entrenar.						
5	Tinc molt bona relació amb altres membres de l'equip.						
6	Rares vegades em trobo tan tibant com perquè la meva tensió interfereixi negativament en el meu rendiment.						
7	Sovint assajo mentalment el que he de fer just abans de començar a jugar un partit.						
8	En la majoria dels partits confio que ho faré bé.						
9	Quan ho faig malament, solc perdre la concentració.						
10	No es necessita molt perquè s'afebleixi la meva confiança en mi mateix.						
11	M'importa més el meu propi rendiment que el rendiment de l'equip (més el que he de fer jo que el que ha de fer el meu equip).						
12	Sovint estic "mort de por" en els moments anteriors al començament de la meva participació en un partit.						
13	Quan cometo una errada em costa oblidar-ho per concentrar-me ràpidament en el que he de fer.						

14	Qualsevol petita lesió o un mal entrenament pot afeblir la meva confiança en mi mateix.				
15	Estableixo objectius que he d'aconseguir i normalment els aconsegueixo.				
16	Algunes vegades sento una intensa ansietat mentre estic jugant un partit.				
17	Durant la meva actuació en un partit la meva atenció sembla fluctuar una vegada i una altra entre el que he de fer i altres coses.				
18	M'agrada treballar amb els meus companys d'equip.				
19	Tinc freqüents dubtes respecte a les meves possibilitats de fer-ho bé en un partit.				
20	Faig servir molta energia intentant estar tranquil abans que comenci un partit.				
21	Quan començo fent-ho malament, la meva confiança baixa ràpidament.				
22	Penso que l'esperit d'equip és molt important.				
23	Quan practico mentalment el que he de fer, em "veig" fent-ho com si estigués veient-me des de la meva persona des d'un monitor de televisió.				
24	Generalment, puc seguir jugant amb confiança, encara que es tracti d'una de les meves pitjors actuacions.				
25	Quan em preparo per jugar un partit, intento imaginar-me, des de la meva pròpia perspectiva, el que veuré, faré o notaré quan la situació sigui real.				
26	La meva confiança en mi mateix és molt inestable.				
27	Quan el meu equip perd em trobo malament amb independència del meu rendiment individual.				
28	Quan faig una errada a un partit em poso ansiós.				
29	En aquest moment, el més important a la meva vida es fer-ho bé al meu esport.				
30	Sóc eficaç controlant la meva tensió.				
31	El meu esport és tota la meva vida.				
32	Tinc fe en mi mateix.				
33	Sovint em trobo motivat per superar-me dia a dia.				
34	Sovint perdo la concentració durant els partits com a conseqüència de les decisions dels àrbitres que considero desencertades i que van en contra meva o del meu equip.				

35	Quant faig una errada durant un partit acostumo a preocupar-me el que pensin altres persones com l'entrenador, els companys d'equip o algú que estigui entre els espectadors.					
36	El dia anterior a un partit em trobo habitualment massa nerviós o preocupat.					
37	Habitualment em marco objectius la consecució dels quals depèn de mi al 100%, en lloc d'objectius que no depenen només de mi.					
38	Crec que l'aportació específica de tots els membres d'un equip és summament important per a l'obtenció de l'èxit de l'equip.					
39	No mereix la pena dedicar tant temps i esforç com jo li dedico a l'esport.					
40	En els partits solc animar-me amb paraules, pensaments o imatges.					
41	Sovint perdo la concentració durant un partit per preocupar-me o posar-me a pensar en el resultat final.					
42	Acostumo a acceptar bé les crítiques i intento aprendre d'elles.					
43	Em concentro amb facilitat en allò que és el més important en cada comento d'un partit.					
44	Em costa acceptar que es destaqui més la labor d'altres membres de l'equip que la meva.					
45	Quan finalitza un partit analitzo el meu rendiment de forma objectiva i específica (és a dir, considerant fets reals i cada apartat del partit per separat).					
46	Sovint perdo la concentració en el partit a conseqüència de l'actuació o els comentaris poc esportius dels adversaris.					
47	Em preocupen molt les decisions que respecte a mi pugui prendre l'entrenador durant un partit.					
48	No assajo mentalment, com a part del meu entrenament, situacions que he de corregir o millorar.					
49	Durant els entrenaments solc estar molt concentrat en el que he de fer.					
50	Acostumo a establir objectius prioritaris abans de cada sessió d'entrenament i de cada partit.					
51	La meva confiança en el partit depèn en gran mesura dels èxits o fracassos en els partits anteriors.					
52	La meva motivació depèn en gran mesura del reconeixement que obtinc dels altres.					

53	Les instruccions, comentaris i gestos de l'entrenador solen interferir negativament en la meva concentració durant la competició.				
54	Normalment confio en mi mateix fins i tot en els moments més difícils d'un partit.				
55	Estic disposat a qualsevol esforç per ser cada vegada millor.				

Cada ítem fa referència a un dels cinc factors d'anàlisi de l'autorregistre.

Serà el psicòleg de l'esport el que passi aquest qüestionari als jugadors, lliurant més tard un informe dels resultats obtinguts a l'entrenador, i indicant-li què pot fer aquest per ajudar als primers.

Aquest qüestionari pot passar-se tant a tot l'equip, com a un sol jugador quan es sospiti que pugui tenir algun problema psicològic que afecti al seu rendiment esportiu. Respecte al primer cas, es passarà el CPRD una vegada en la primera meitat de la temporada i una altra vegada en la segona meitat.

Les taules nº 13 i 14 mostren un full de respostes perquè el psicòleg faci la correcció del que el jugador ha contestat en l'autorregistre de la taula anterior. Així, veiem en aquestes taules que el control de l'estrès es mesura amb uns ítems determinats (1,3,6,8,10...), i el mateix succeeix amb els quatre factors analitzats. Veiem que, si per exemple, l'esportista ha contestat el primer ítem, en el qual es diu que "solc tenir problemes concentrant-me mentre competeixo", que està totalment en desacord, i ha marcat la columna de l'esquerra, haurà sumat 4 punts en el factor de control de l'estrès. Així podrem saber la "puntuació directa" o total en cada factor, i comparar dades entre jugadors o entre equips.

Les màximes puntuacions que es poden obtenir en cada factor són:

- **control de l'estrès:** 80 punts (a major puntuació, major capacitat de controlar l'estrès),
- **influència de l'avaluació del rendiment: 48** punts (a major puntuació, menor incidència de l'avaluació (tant la pròpia com la dels altres),

- **motivació:** 32 punts (a major puntuació, major motivació, bàsica i específica),
- **habilitat mental:** 36 punts (a major puntuació, major habilitat mental),
- **cohesió d'equip:** 24 punts (a major puntuació, major cohesió d'equip).

Taula nº 13: full de respostes del CPRD (I).

Full de respostes del C.P.R.D.*

1r COGNOM: _____   NOM: _____
2n COGNOM: _____   DATA: ___/___/201__
ESPORT: _____

CONTROL DE L'ESTRÈS		INFLUÈNCIA DE L'AVALAUACIÓ DEL RENDIMENT
1 [4][3][2][1][0]	24 [0][1][2][3][4]	9 [4][3][2][1][0]
3 [0][1][2][3][4]	26 [4][3][2][1][0]	16 [4][3][2][1][0]
6 [0][1][2][3][4]	30 [0][1][2][3][4]	28 [4][3][2][1][0]
8 [0][1][2][3][4]	32 [0][1][2][3][4]	34 [4][3][2][1][0]
10 [4][3][2][1][0]	36 [4][3][2][1][0]	35 [4][3][2][1][0]
12 [4][3][2][1][0]	41 [4][3][2][1][0]	42 [0][1][2][3][4]
13 [4][3][2][1][0]	43 [0][1][2][3][4]	44 [4][3][2][1][0]
14 [4][3][2][1][9]	54 [0][1][2][3][4]	46 [4][3][2][1][0]
17 [4][3][2][1][0]		47 [4][3][2][1][0]
19 [4][3][2][1][0]		51 [4][3][2][1][0]
20 [4][3][2][1][0]		52 [4][3][2][1][0]
21 [4][3][2][1][0]		53 [4][3][2][1][0]

Puntuació Directa: ____   Puntuació Directa: ____

Taula nº 14: full de respostes del CPRD (II).

MOTIVACIÓ	HABILITAT MENTAL	COHESIÓ D'EQUIP
4 [4][3][2][1][0]	2 [4][3][2][1][0]	5 [0][1][2][3][4]
15 [0][1][2][3][4]	7 [0][1][2][3][4]	11 [4][3][2][1][0]
29 [0][1][2][3][4]	23 [4][3][2][1][0]	18 [0][1][2][3][4]
31 [0][1][2][3][4]	25 [0][1][2][3][4]	22 [0][1][2][3][4]
33 [0][1][2][3][4]	37 [0][1][2][3][4]	27 [0][1][2][3][4]
39 [4][3][2][1][0]	40 [0][1][2][3][4]	38 [0][1][2][3][4]
49 [0][1][2][3][4]	45 [0][1][2][3][4]	
55 [0][1][2][3][4]	48 [4][3][2][1][0]	
	50 [0][1][2][3][4]	
Puntuació Directa: ___	Puntuació Directa: ___	Puntuació Directa: ___

4.4.4. Ajuda en la recuperació de lesions.

Quan un jugador es lesiona, aquest entra en una situació que li provoca una forta càrrega d'ansietat depenent de diversos factors: importància de la lesió, situació anímica i professional del futbolista, rol dins de l'equip (titular o suplent), etc., que determinen el nivell d'ansietat i les respostes d'estrès del propi futbolista. Resulta molt important aconseguir que el futbolista controli la seva ansietat, tingui confiança en l'equip mèdic i mantingui un alt nivell de motivació per aconseguir desenvolupar el programa de rehabilitació i una adequada adherència al mateix.

I en aquest sentit l'entrenador pot aplicar una sèrie d'estratègies psicològiques per ajudar a l'esportista en la seva fase de recuperació. Aquesta actuació de l'entrenador ha de seguir els següents passos:

- **controlar l'impacte psicològic:** només produir-se la lesió, l'entrenador ha de preocupar-se per l'estat del jugador, i oferirli un suport sincer, visitant-li a casa o a l'hospital en cas que el jugador hagi de romandre en repòs,

- **responsabilitzar al futbolista en el procés de recuperació:** l'entrenador, en companyia del personal dels serveis mèdics, ha de responsabilitzar al jugador de la recuperació de la seva lesió perquè el propi esportista prengui un paper actiu en aquest procés, i se n'adoni que sense la seva ajuda (la del futbolista) el metge i/o fisioterapeuta poc podran fer,

- **buscar el suport del cercle social del jugador:** l'entrenador pot ajudar al jugador buscant el suport social de les persones que envolten a aquest últim: comentar amb els companys de l'equip el tipus de lesió que pateix i que li donin tot el seu suport, com a anteriors companys lesionats, i fins i tot parlar amb els pares, tot amb l'objectiu que li donin ànims per afrontar el seu procés de rehabilitació,

- **millorar la motivació i autoconfiança sobre la nova situació:** juntament amb la intervenció del psicòleg, de la qual parlarem més endavant, l'entrenador pot ajudar al jugador a estar motivat per recuperar-se i a mantenir els seus nivells d'autoconfiança, que solen baixar després del seu canvi de jugar a estar lesionat. N'hi ha prou amb mantenir assíduament converses amb ell i interessar-se pels progressos en la seva recuperació. En aquest sentit, és important que el servei mèdic li vagi fixant objectius en la seva rehabilitació a "curt termini" perquè, en anar-los aconseguint, el jugador es senti motivat a seguir treballant en el seu procés de rehabilitació. Un recurs molt útil pot ser utilitzar l'exemple d'un futbolista, si pot ser famós, que hagi sofert la mateixa lesió i s'hagi recuperat,

- **preparar la reaparició:** una vegada superada la lesió, el futbolista ha de tornar a la seva activitat normal i és convenient tenir en compte que el fet que el futbolista estigui recuperat de la seva lesió no implica que estigui preparat per tornar a jugar, almenys al seu nivell anterior. Per això, i per evitar posar al jugador en una situació d'estrès, és important que la volta a la competició del jugador es faci de forma progressiva: 15 minuts en un partit, després 30, més tard 45, i així fins que arribi a disputar un partit complet, en cas que l'entrenador ho consideri oportú.

Però a més de l'actuació de l'entrenador, hi ha una sèrie de tècniques psicològiques que el jugador, amb la supervisió del psicòleg, pot aplicar i li seran de gran ajut en el seu procés de recuperació:

- **tècniques de relaxació:** en concret la tècnica de relaxació autògena de Schultz, que permetrà a l'esportista controlar les seves emocions, la seva ansietat i poder afrontar situacions difícils, suportant i superant patiment i dubtes sobre el procés de recuperació i la volta als entrenaments i la competició. A més, la relaxació fa que el sistema nerviós simpàtic estigui menys activat, la qual cosa permet, d'alguna manera, estalviar energies, de manera que es puguin utilitzar per afavorir el procés de recuperació de lesions,

- **visualització:** recolzant-nos en la tècnica anterior, podem ajudar a mantenir el programa mental de les execucions davant l'absència de la pràctica d'entrenament imaginant-nos situacions en les quals el futbolista està jugant. Això aconseguirà que el jugador experimenti una "sensació agradable", la qual cosa li produeixi un cert "alleujament" immediat en la seva ment, que elevarà els seus nivells de confiança, especialment si utilitzem com a recursos triomfs anteriors o expressions d'admiració dels seus companys, entrenadors, amics o públic,

- **pensament racional:** consisteix en una actuació per part del psicòleg en la qual aquest va fent preguntes a l'esportista i acceptant-les, per fer-li veure al final que el que ell pensa (en cas de ser negatiu) no té sentit (tècnica "Colombo", en referència al famós detectiu de la sèrie televisiva),

- **bloqueig dels pensaments i autosuggestió:** és una teràpia en la qual l'esportista, quan se li presenta un pensament negatiu relacionat amb la lesió crida per a si "PARA!", i el substitueix per un pensament positiu, que pot ser suggerit pel psicòleg, com per exemple alguna bona actuació en un partit, algun gol espectacular marcat, etc.

4.4.5. Actuació als entrenaments.

4.4.5.1. Normes de comportament.

Per poder exigir dels jugadors la seva màxima aplicació durant l'entrenament, és necessari establir unes normes bàsiques d'obligat compliment que serviran de base per a tot el treball posterior. Si aconseguim que l'esportista les accepti, això farà que es senti dins del grup, i que es produeixi el "fenomen d'adherència a l'entrenament". Això implica que els jugadors assisteixin puntualment a les sessions programades i compleixin amb precisió les condicions que se'ls exigeixen. Entre les normes, donarem especial importància a:

- assistència i puntualitat,
- compliment de tasques,
- conducta de l'entrenador, que vetllarà pel compliment de les dues anteriors per assegurar-nos conductes d'adherència a l'entrenament per part dels jugadors.

Precisament per aconseguir aquesta "adherència" serà molt positiu el deixar als esportistes participar en l'elaboració d'aquestes normes de conducta, doncs amb això aconseguirem una major implicació. Aspectes tan senzills com deixar-los fixar, dins d'un marge raonable, l'hora a la qual han d'estar presents en el vestuari abans de l'entrenament, per exemple, poden ser de gran utilitat en aquest sentit.

Un altre aspecte a destacar en les normes és la relació personal amb els jugadors. En efecte, la relació professional de l'entrenador amb els jugadors imposa, almenys en l'alt rendiment, un cert distanciament personal entre ells. És precisament aquest distanciament el que assegura que l'entrenador sigui objectiu en qüestions com l'aplicació de normes d'entrenament, en el compliment del pla d'entrenament i en la confecció d'alineacions, prescindint dels sentiments i preferències personals dels jugadors. De no ser així, l'entrenador podria sentir-se "lligat" o obligat pels desitjos dels jugadors, perdent d'aquesta forma la seva objectivitat i per tant la seva autoritat i credibilitat.

Però això no vol dir que l'entrenador no es preocupi per l'estat personal dels jugadors, les seves preocupacions, interessos i família ni que no hagi de parlar mai amb ells, i més encara en el context del futbol base. Com es comenta més endavant, l'entrenador ha de conversar assíduament amb els jugadors per obtenir informació sobre com es troba cadascun d'ells, per ajudar-los en el plànol esportiu i personal.

4.4.5.2. Motivació.

Utilitzarem el reforç, tant positiu com a negatiu, per aconseguir la conducta desitjada dels nostres futbolistes durant els entrenaments.

Per a això és molt important explicar als jugadors per a què serveixen les activitats que es van a realitzar en l'entrenament. Aquí parlem d'objectius. En aquest sentit, per aconseguir motivació per part els jugadors en els entrenaments s'ofereixen uns consells:

- *que l'equip com a conjunt tingui uns objectius col·lectius,*
- *que cada jugador tingui uns objectius individuals establerts per l'entrenador,*
- *que cada jugador percebi que la consecució dels objectius col·lectius li pot proporcionar beneficis a ell individualment (jugar en una categoria superior si l'equip ascendeix),*
- *que, conseqüència de tot això, els jugadors de l'equip es trobin suficientment interessats pels objectius col·lectius.*

Quant als objectius individuals o metes, a continuació es donen uns consells per als entrenadors:

- Tenir clar que l'èxit no només resideix a guanyar (encara que això sigui important, sobretot en el futbol): metes de resultat. Han d'establir-se metes individuals de domini o aprenentatge (millorar la meva passada, la meva resistència aeròbica...).

- Establir metes personals realistes: l'entrenador ha de triar una meta adequada per a cada esportista, de manera que la pugui aconseguir. Només d'aquesta manera el jugador les aconseguirà i podrà assaborir l'èxit.

- ♠ És necessari que l'esportista experimenti l'èxit, i per a això haurem de reconèixer el seu esforç en aconseguir-les, motivant-li i proposant-li noves metes. I a més, perquè l'esportista experimenti l'èxit freqüentment, establirem objectius a mitjà i curt termini, no només a llarg termini.

4.4.5.3. Preparar partits.

En relació amb l'anterior, produeix una enorme motivació en el jugador el preparar el següent partit en els entrenaments setmanals, assenyalant els objectius per a aquest partit i assajant en les sessions les principals conductes a realitzar en el partit.

A més, fer això farà que la incertesa disminueixi i la sensació de control de la situació augmenti, de manera que disminuirà la probabilitat que es produeixin accions en el partit que ens sorprenguin.

4.4.5.4. Entrevistes i reunions amb els jugadors.

En els inicis dels entrenaments, en la pretemporada, l'entrenador durà a terme una entrevista inicial amb cada jugador per conèixer-li o, en cas de ja conèixer-lo de temporades anteriors, saber com es troba en l'actualitat.

Però a més, l'entrenador programarà durant tota la temporada reunions individuals amb tots els jugadors de la plantilla, en les quals explorarà els seus interessos i inquietuds. En general, les categories a incloure en aquestes entrevistes serien les que segueixen:

- ♠ situació concreta per la qual s'està travessant,
- ♠ experiències personals en situacions semblants a la qual ens trobem,
- ♠ aspectes complementaris al propi àmbit esportiu (entorn, aficions...),

- ♠ aspectes psicofisiològics i de la salut que posseeix el jugador, així com lesions sofertes i les més habituals,
- ♠ altres aspectes que el jugador consideri oportú aportar-nos per comprendre el seu estat actual.

Lògicament les entrevistes seran diferents segons les circumstàncies del moment, ja que no és el mateix passar una entrevista en l'inici de la temporada que a la meitat del campionat, quan l'equip va bé o va malament. Mentre en el primer cas potser vulguem conèixer al jugador com a persona, i per això incidiríem més en els aspectes complementaris, pot ser que en el segon el jugador no rendeixi el que d'ell s'esperava, i haguem d'insistir en la situació concreta per la qual s'està travessant, en experiències en situacions semblants i en altres aspectes que aporti el jugador.

Però a més, l'entrenador podrà i haurà d'aprofitar aquestes reunions per proposar-li al jugador objectius individuals i correccions sobre aspectes que consideri rellevants.

Aquestes reunions haurien de ser amenes, però, en cas de confrontació amb el jugador, és allà on ha de tenir lloc, i mai davant del grup. Quan no hi hagi acord entre el jugador i l'entrenador sobre algun aspecte, l'entrenador seguirà els següent passos:

- ➢ Establir prèviament els objectius, és a dir, aquells que es pretén aconseguir amb aquesta confrontació. Per a això, l'entrenador haurà d'haver reflexionat prèviament i haver recaptat suficient informació, el més objectiva possible.

- ➢ Decidir quan utilitzar la confrontació. Ja s'ha comentat: en reunions privades amb l'entrenador, evitant, sempre que sigui possible, que aquesta es produeixi davant del grup. Normalment, en aquestes situacions ambdues parts es troben més relaxades, per la qual cosa és més factible arribar a un acord.

- ➢ Com dur-la a terme: definir un pla d'actuació. Es proposa el següent, adaptat a cada situació:
  - Expressar de manera constructiva en què consisteix el problema.

- Preguntar-li la seva opinió.
- Posar-nos en el seu paper (ser empàtics).
- Mostrar-nos flexible (encara que la seva postura no sigui la correcta, no alterar-nos ni adoptar una postura agressiva).
- Gradualment, fer-li veure el que fa malament.
- Oferir solucions.

Lògicament, no sempre es portarà a un acord, però és possible que, actuant d'aquesta manera, s'eviti un problema posterior. En cas que el jugador es mostri poc inclinat a adoptar les solucions que li proposa l'entrenador, aquest haurà de prendre les mesures oportunes, utilitzant, si cap, l'autoritat que disposa.

4.4.5.5. Número de jugadors en la plantilla.

Sobre el fet de si la plantilla ha de ser llarga o curta hi ha diferents punts de vista.

Alguns diuen que el millor és tenir una plantilla curta, per assegurar-se que tots els jugadors juguen i que ningú estigui de mala gana per no disputar suficients minuts.

Uns altres consideren que, en tenir una plantilla llarga, s'afavoreix la competitivitat per un lloc en l'onze inicial, i l'equip, en tenir pràcticament dos jugadors per lloc, surt reforçat, doncs sempre té jugadors especialistes en cada posició disponibles per jugar el partit.

Segons la meva opinió, la primera alternativa és útil per als equips de baix nivell o afeccionat, doncs el que volen els jugadors és jugar, i si els treus aquest al·licient, que és pràcticament l'únic que tenen, es desanimen i abandonen.

Quant al futbol d'alt nivell, crec que la segona opció és la més encertada, encara que es tracti de futbol base. El jugador té una gran il·lusió per arribar algun dia a ser professional, i està en les màximes categories i en un gran club, la qual cosa farà que aguanti si en algun moment no entra massa en els plans de l'entrenador. El que hi hagi una plantilla llarga és, al meu judici, clau, ja que farà que el rendiment dels jugadors en els entrenaments sigui elevat. El jugador és "còmode" per naturalesa, i si no es veu "amenaçat" per un company en la seva lluita per la titularitat, és molt difícil que s'esforci al màxim en els entrenaments, doncs es sap titular.

Encara que cal matisar una cosa: si es té jugadors en la plantilla és per utilitzar-los. De gens serveix tenir a 21 jugadors si després només utilitzes a 16, ja que els 5 jugadors restants es desanimaran, no pressionaran als "titulars" en els entrenaments perquè s'esforcin més i a més generaran mal ambient en el vestuari en estar descontents. Crec que l'important en un equip és la plantilla, no el seu onze inicial, doncs rarament podràs disposar d'aquest a causa de lesions, sancions o baixons de rendiment. L'ideal és tenir una plantilla el més compensada possible, on qualsevol pugui jugar, sempre que la seva actitud en els entrenaments hagi estat l'adequada, establint un sistema de rotacions.

4.4.5.6. Relaxació autògena de Schultz i visualització.

Un recurs que proposo utilitzar és la visualització (imaginació), el dia abans del partit, per exemple, o el mateix dia al matí si el partit és a la tarda (això només seria possible en categories com a juvenils, on es viatja més, i de vegades s'està concentrat en hotels). Amb ella intentaríem "predir", encara que només serà en certa manera en ser el futbol un esport "obert", allò que ens anem a trobar, la qual cosa donarà al jugador una sensació de seguretat i una millora de la concentració.

He inclòs aquí una tècnica de relaxació, la de Schultz, doncs és sabut que la imaginació mostra millors resultats si és precedida d'una relaxació. Es tractaria, abans de res, de realitzar un entrenament en aquesta tècnica de relaxació per, posteriorment, i quan ja es tingui un cert domini d'ella, utilitzar aquesta tècnica com una ajuda per a una posterior imaginació. L'objectiu principal d'aquest mètode de relaxació és el d'aconseguir modificacions psicofisiològiques a través d'una sèrie d'autosuggestions que, en produir efectes tranquil·litzants, han fet d'aquesta tècnica una de les més conegudes i utilitzades.

Fent una breu descripció, les fases que se segueixen per aconseguir la relaxació amb aquest mètode són els següents:

- *primer ens centrem sobre la respiració. El jugador ha de centrar la seva atenció en ella, en com l'aire entra i surt del cos i al seu pas permet que el pit i l'abdomen s'inflin i desinflin.*

- *Després les autosuggestions es centren en les sensacions de calor i pesadesa. D'una banda, s'intenta associar la relaxació muscular i la disminució del seu to a la sensació de pesadesa que sol produir-se, de manera que quan s'experimenti la persona senti que està començant a vivenciar les sensacions característiques de l'estat de relaxació. Pel que fa a la calor, aquesta es produeix per la vasodilatació de les extremitats, conseqüència natural de l'estat de relaxació i que pot afavorir-se mitjançant l'utilització d'imatges mentals com una platja, estar en un dia assolellat a la muntanya, etc. Intentarem reproduir en tot el cos aquestes sensacions, part per part: mà dreta, braç dret, mà i braç esquerres, peu dret, cama dreta, peu i cama esquerres, i tronc i coll.*

- *Es considera important centrar l'atenció a la taxa cardíaca, als batecs del cor, a detenir l'atenció en ells i a tractar de percebre els batecs i de sentir la seva baixa freqüència de manera que s'associï a l'estat de relaxació.*

- *Finalment, es generen suggestions de frescor en el front mitjançant la utilització d'imatges com el situar una tovallola humida amb aigua fresca en el front, o el sentir la brisa freda en el rostre en un dia fred en el qual la resta del cos es troba confortable i abrigat. Amb això es pretén aconseguir una sensació agradable, que relaxi la nostra ment, igual que la sensació de calor i pesadesa ha relaxat el nostre cos.*

- *Una vegada s'ha acabat, es comencen a moure lentament les diferents parts del cos, a fi de retornar-los la tensió suficient com per poder moure's i aixecar-se, i s'intenta sentir una sensació de lleugeresa.*

El psicòleg del club realitzarà les primeres sessions, ensenyant a l'entrenador, que serà l'encarregat de dur-les a terme després.

4.4.5.7. Entrenament psicològic en el camp: tasques pràctiques.

Les habilitats psicològiques bàsiques (la concentració, el control del nivell d'activació, la capacitat d'imaginació/visualització, i la motivació) s'estan tractant de diferents formes tant en aquest apartat, relatiu a l'actuació en els entrenaments, com en el següent, que ens parla de l'actuació en els partits. Però en aquest punt concret vaig a centrar-me en les possibilitats que ens ofereix l'entrenament psicològic en el propi camp de joc, i això pot fer-se mitjançant l'execució de tasques pràctiques.

En concret vaig a centrar-me en dues capacitats bàsiques: la concentració i el control del nivell d'activació, per les quals vaig a proposar tasques d'entrenament.

Tant la visualització com la motivació les tractaré millor mitjançant un altre tipus de procediments que ja s'indiquen en altres punts del present treball.

A continuació proposo cinc de tasques per a cadascuna d'aquestes habilitats psicològiques bàsiques:

- **control del nivell d'activació**: es presenten, a continuació, una sèrie de tasques amb dificultat progressiva per treballar aquest aspecte, que podrien ser dutes a terme en la mateixa sessió o en sessions successives:

    ✯ *partits 10x10, on la porteria és la línia de fons contrària, i el gol s'aconsegueix traspassant-la amb la pilota controlada, amb marcatges a l'home, amb la norma que, si un jugador marca gol, el jugador que li marcava ha de fer una tasca i els seus companys una menys exigent (ex.: 10 i 5 abdominals, respectivament),*

    ✯ *partits 3x3 en espais reduïts amb marcatges individuals, amb 2 porteries molt petites, en els quals, si un jugador marca gol, el jugador que li marcava fa una tasca i els seus dos companys una altra menys exigent,*

    ✯ *accions de 3 atacants contra 2 defensors més un porter, atacant una porteria, en les quals, el que no aconsegueixi el seu* objectiu (aconseguir gol o evitar el gol) ha d'anar fins a l'altra porteria a un ritme alt. La figura nº 94 representa aquesta tasca,

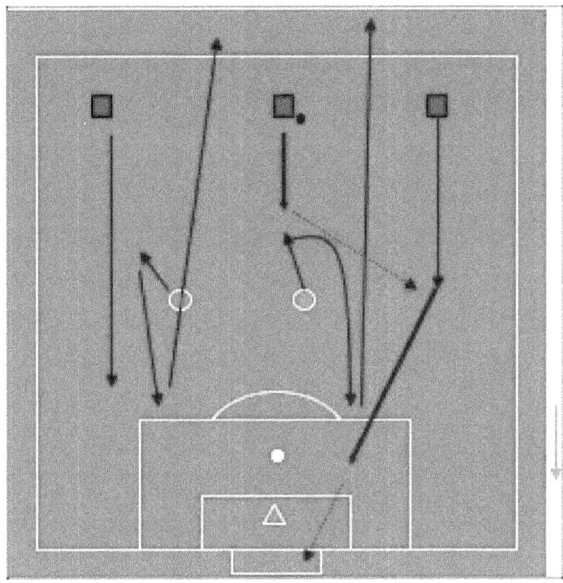

Figura nº 94: treball 3 x 2 per al control del nivell d'activació.

☆ *treball per trios* en el qual, al senyal, un jugador tracta de desmarcar-se d'un defensor per rebre una passada del tercer jugador, tal com s'observa en la figura nº 95. Es realitza l'exercici 4 vegades, i si d'elles el defensor no ha aconseguit interceptar la pilota ni una sola vegada, aquest ha de fer una tasca (5 abdominals, flexions de braç...) no com un càstig, sinó com un estímul per fomentar l'esforç,

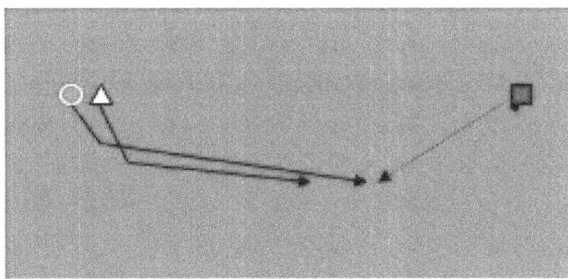

Figura nº 95 treball per trios per al control del nivell d'activació.

�֍   treball per trios més un porter, tal com mostra la figura nº 96, en el qual es practica un exercici similar l'anterior, però acabant amb un atac a una porteria. En cada atac, el que no aconsegueixi el seu objectiu (tirar a porteria o interceptar la pilota) ha de fer una tasca.

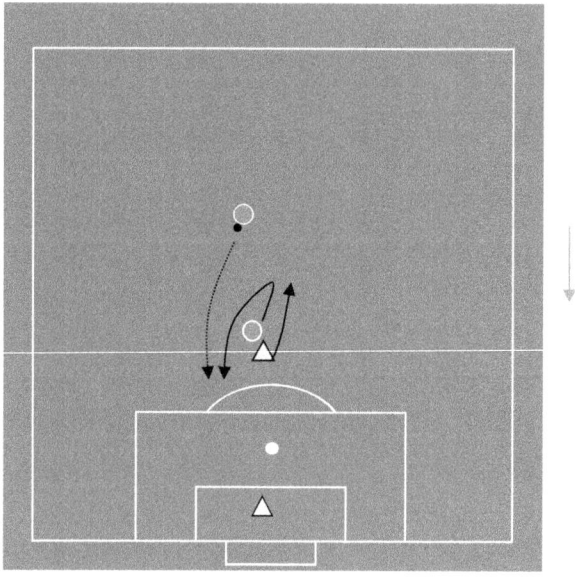

Figura nº 96: treball amb finalització per al control del nivell d'activació.

🔊 És necessari aclarir als jugadors que, tan important és elevar el nivell d'activació fins a un punt òptim, com ser capaç de no superar-lo, doncs perdríem capacitat d'autocontrol. Així, les accions fora del reglament, com a faltes intencionades o perilloses, seran motiu d'una tasca de major magnitud que la que correspondria pel simple fet de no aconseguir l'objectiu de l'exercici previst. Això és necessari, doncs sovint hi ha jugadors que confonen l'agressivitat amb la violència, i juguen fora del reglament, sense autocontrol, sent expulsats amb facilitat i perjudicant greument als seus equips.

⮕ **Concentració:** proposo les següents tasques per treballar aquesta habilitat:

✯   *"joc de tennis", en el qual s'enfronten dos equips de 3 jugadors, amb l'objectiu de fer botar la pilota 2 vegades en el camp contrari. Només es pot fer 3 tocs per equip, i un sol toc consecutiu per jugador. Quan envio la pilota a l'altre camp dic, abans de copejar la pilota, el nom d'un jugador de l'equip contrari que no podrà tocar la pilota en primera instància, la qual cosa obliga als jugadors de l'equip contrari a estar concentrats en el nom que s'està a punt de dir,*

✯   *exercici de centre i rematada: un jugador condueix per la banda i centra al primer o segon pal en funció del desmarcatge que fa un company que va a la rematada, realitzant un moviment cap al primer o segon pal. La figura nº 97 il·lustra aquest exercici,*

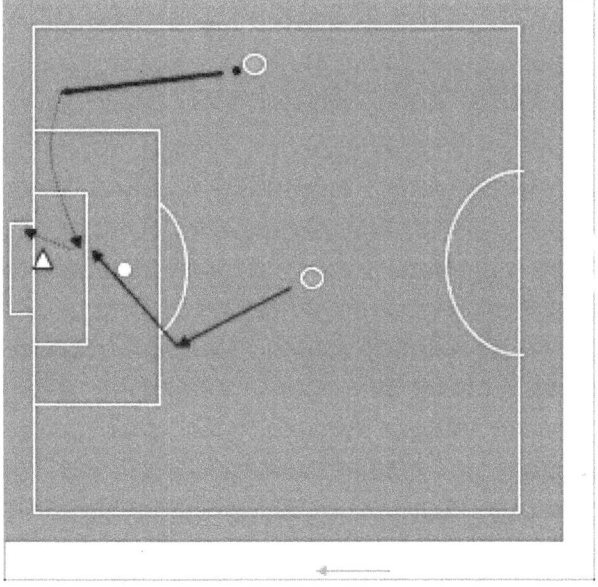

Figura nº 97: exercici de centre i rematada per al treball de la concentració.

✫ *exercici de centre i rematada, amb dos rematadors i un defensor: ara el jugador que condueix i centra ha d'estar atent, doncs el defensor marcarà a un dels dos atacants, per la qual cosa el que centra haurà d'enviar la pilota al que estigui desmarcat (figura nº 98),*

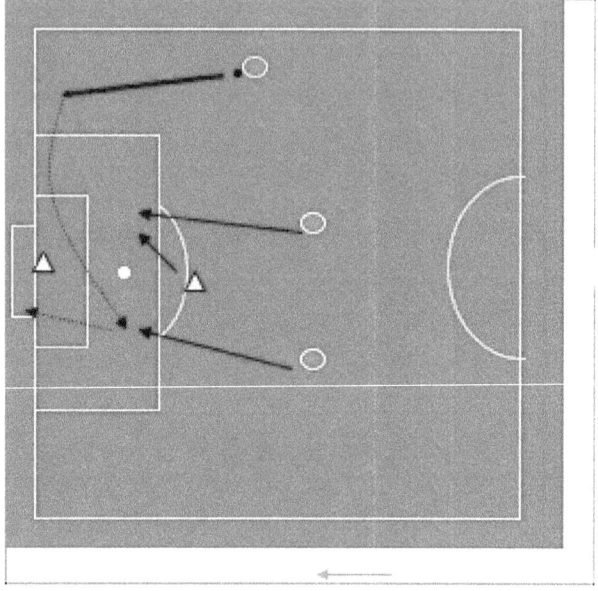

Figura nº 98: exercici de centre i rematada amb dos rematadors i un defensor.

✫ *exercici de recuperació i contraatac (figura nº 99): juguen 5 equips de 3 jugadors més un porter, dels quals 2 equips estan dins del cercle central (grocs i taronja), un fora (negres), descansant, i els altres dos faran d'atacants (blaus) i defenses (vermells), encara que d'aquest últim equip només defensaran dos jugadors, i l'altre descansarà. Posteriorment es rotarà. L'equip que té la pilota en el cercle central (grocs) haurà de conservar la pilota mentre l'altre equip (taronges) intenta recuperar-la. El jugador que recupera la pilota haurà de passar-la ràpidament (en 3 segons com a màxim) a un dels atacants que realitzen desmarcatges (al que queda sense marca, doncs els dos defensors marcaran a un atacant cadascun), i anirà ràpidament a la vora de l'àrea per a un possible rebuig en la finalització de la jugada. La rotació s'efectua de la següent forma:*

- els altres dos jugadors de l'equip que robava la pilota seran els defensors dels propers atacants,
- els que havien de conservar la pilota en el cercle passaran a ser recuperadors,
- l'equip que estava esperant fora del cercle haurà de mantenir la possessió,
- els tres atacants tornaran al cercle central per entrar en la propera jugada,
- els dos defensors més l'altre jugador del seu equip passaran a ser atacants.

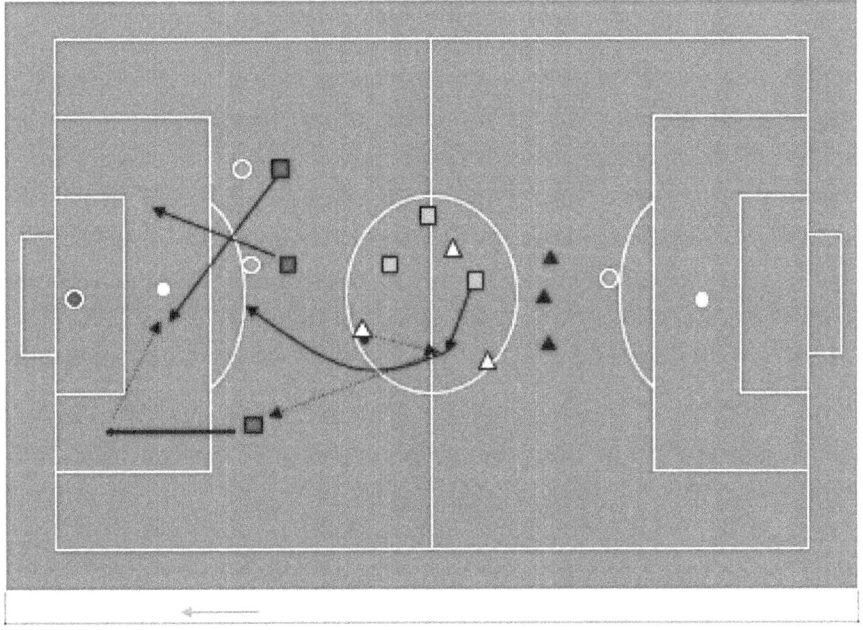

Figura nº 99: exercici de recuperació i contraatac.

✯ *Partit 11 x 11, amb un equip que comença perdent: un equip guanya per un o dos gols, i haurà d'adequar el seu joc per conservar aquest avantatge. Per a això, procurarà mantenir al màxim la possessió de la pilota, trigar més del normal (dins d'uns límits) a efectuar els serveis de banda, de meta o faltes, i replegar-se i començar la pressió en el propi camp. D'altra banda, l'altre equip haurà d'adaptar el seu joc per donar la volta al marcador, per la qual cosa haurà de pressionar en zones avançades per recuperar la pilota el més aviat possible i iniciar l'atac, intentar progressar amb la pilota cap a la porteria contrària ràpidament (encara que sense precipitació), i treure les faltes i serveis de forma ràpida. Amb aquest partit aconseguirem que el jugador hagi de fer un esforç quant a concentració, doncs no només haurà d'estar atent a les seves funcions dins del sistema de joc, sinó que a més haurà d'adequar la seva actuació al resultat existent en aquest moment.*

4.4.6. Actuació en els partits.

4.4.6.1. Actuació en els moments previs a la competició.

En els moments previs al partit és convenient que els jugadors segueixin una "conducta rutinària" que els permeti arribar a l'inici del partit en les millors condicions. Aquestes no han de ser necessàriament complicades o rígides, simplement es tracta que el jugador faci sempre el mateix, per un ordre concret, per assegurar-nos que el jugador faci tot el que ha de fer abans del començament del partit per arribar a ell en les millors condicions (vestir-se, embenar-se, atendre les últimes explicacions de l'entrenador, escalfar, regular el nivell d'activació...).

En aquest sentit, proposo que just abans dels partits, els jugadors realitzin una tècnica de control emocional i visualització amb la finalitat d'aconseguir un estat òptim de "prearrencada". Per a això cal aconseguir el nivell òptim d'activació (NOA), que és específic d'aquest esport i de cada jugador. Mitjançant la pràctica, l'esportista pot reconèixer aquest estat i aconseguir-lo mitjançant aquestes senzilles tècniques. El procediment a seguir seria el següent:

- ⇨ asseguts, tancar els ulls i començar a respirar lenta i profundament, per relaxar-nos,
- ⇨ visualitzar i concentrar-nos en el treball que hem de realitzar en el partit,
- ⇨ respirar ràpida i enèrgicament, per activar l'organisme per rendir al màxim en el partit,

⇨ sentir una sensació d'agressivitat esportiva (ganes de fer un esprint, saltar, xutar, xisclar...), dins dels nivells òptims de cada esportista,

⇨ obrir els ulls.

Com es veu, primer es relaxa al jugador, doncs la relaxació ajudarà a la concentració i a la visualització (imaginació) que té lloc a continuació, i al final l'esportista s'activa mitjançant la respiració. En funció de com sigui cada jugador, i de com es trobi aquest dia, aquest incidirà més en la fase de relaxació o en la d'activació. Amb la imaginació activarem bàsicament a nivell cognitiu, mentre que amb la respiració ràpida i enèrgica l'activació serà fonamentalment fisiològica. Aquesta tècnica haurà d'entrenar-se adequadament fins a aconseguir un nivell acceptable, que permeti complir amb la seva funció en un temps reduït d'uns 3-5 minuts.

Per aconseguir que el jugador entengui la necessitat de controlar el nivell d'activació, pot ser de gran utilitat explicar-los la gràfica de la "U invertida" (figura nº 100), que relaciona nivell d'activació i rendiment. D'aquesta forma entendran, ja no només la necessitat de controlar el nivell d'activació per aconseguir el màxim rendiment, sinó que tan dolent pot ser tenir un insuficient nivell d'activació com tenir un nivell excessiu.

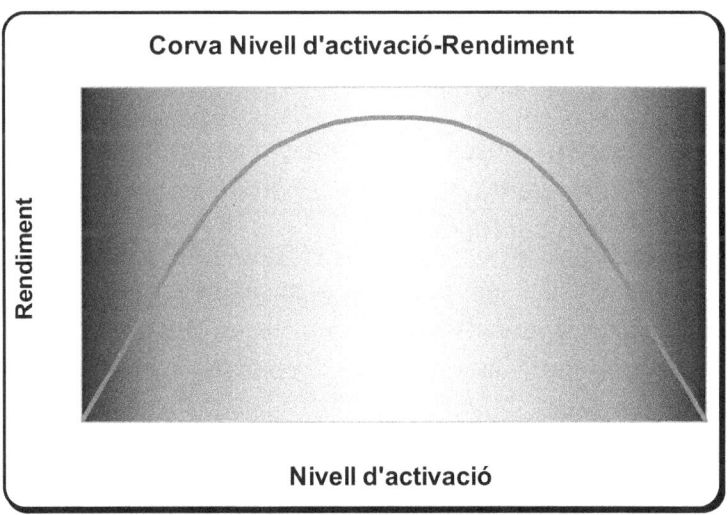

Figura nº 100: gràfica de la "U invertida".

També serà el psicòleg qui dugui a terme aquest procediment al començament, perquè el continuï fent l'entrenador a continuació, deixant, a mesura que els jugadors són més grans, que sigui el propi jugador el que apliqui aquestes tècniques sense la direcció de l'entrenador.

Però a més, l'entrenador pot fer alguna cosa per augmentar la tensió emocional o nivell d'activació dels seus jugadors en cas que els vegi excessivament relaxats. En la xerrada prèvia al partit, pot:

- recordar fracassos en partits similars,
- destacar punts forts de l'equip rival,
- accentuar qualsevol dificultat del partit (camp de joc en males condicions...),
- assenyalar les experiències negatives d'altres equips (equips importants han perdut en camp d'aquest rival per excés de confiança),
- propiciar certa inseguretat respecte als propis recursos (si no pressionem la 100% som un equip vulnerable...).

En l'extrem oposat, pot donar-se la situació que, a causa de la transcendència d'aquest partit, els jugadors estiguin excessivament inquiets. En aquest cas, l'entrenador pot adoptar mesures per disminuir l'ansietat dels seus esportistes:

- recordar èxits passats,
- recordar causes controlables d'anteriors derrotes (vam perdre contra aquest rival perquè no vam estar atents als seus contraatacs...),
- accentuar les millores aconseguides (des de l'últim partit que vam perdre, amb prou feines hem encaixat gols, per això portem 8 partits consecutius sense perdre...),
- referir-se a resultats rellevants d'altres equips (l'equip "X", que està pitjor classificat que nosaltres, va ser capaç de guanyar-los jugant al contraatac),

- ♠ destacar les conductes pròpies relacionades amb el resultat desitjat (serà important deixar-los la iniciativa, per recuperar la pilota en el mig camp i sortir al contraatac. D'aquesta manera, l'entrenador reforça la conducta de pressionar només en el propi camp i contraatacar quan recuperem la pilota).

Així doncs, l'actuació abans dels partits seria la següent:

- ▶ el jugador entra en el vestuari 1 hora i 30 minuts abans del partit, i l'entrenador realitza una xerrada general sobre el partit, en la qual busca motivar al jugador. En ella parla d'aspectes tals com la trajectòria de l'equip en els últims partits, la del contrari, l'important que és guanyar el partit per a la classificació, el ben que s'ha treballat durant tota la setmana... Aquesta xerrada dura uns 10 minuts com a màxim,

- ▶ a continuació l'entrenador diu l'alineació i els jugadors comencen a canviar-se o a rebre massatge si ho precisen,

- ▶ 55 minuts abans de l'inici del partit, l'entrenador comença a donar instruccions concretes sobre el partit, mostrant el seu plantejament i assignant funcions específiques per a cada jugador. Aquesta xerrada durarà 15 minuts com a molt,

- ▶ 35 minuts abans del partit els jugadors surten al terreny de joc per realitzar l'escalfament, que es perllonga per espai d'uns 20-25 minuts,

- ▶ 10 minuts abans de l'inici, els jugadors tornen al vestuari, on es canvien de samarreta, es desitgen sort, duen a terme la rutina de concentració-visualització, mitjançant la qual s'apliquen les habilitats psicològiques de concentració, imaginació i activació, fan el crit de guerra (activació) i surten al terreny de joc a l'hora del partit.

4.4.6.2. Actuació durant el partit.

Mentre s'estigui jugant el partit, l'entrenador pot i ha d'intervenir per orientar als seus jugadors. No obstant això, encara que sempre amb bona intenció, l'entrenador pot, amb la seva intervenció, perjudicar a l'esportista més que ajudar-ho si no segueix unes recomanacions bàsiques:

- ➔ procurar, abans de res, reforçar les accions positives,
- ➔ no és convenient retirar l'afecte i l'amonestació com a mitjà de pressió, doncs això pot augmentar excessivament la tensió emocional del jugador a causa del temor a rebre una altra amonestació en cas de no actuar correctament,
- ➔ realitzar les indicacions en un estat el més relaxat possible,
- ➔ realitzar poques indicacions cada vegada que ens dirigim a un jugador, i fer-ho de forma clara.

Però a més, l'entrenador pot controlar l'activació dels jugadors, donant-los instruccions, del tipus "més tranquil", "a poc a poc, sense presses", per baixar el nivell de tensió emocional dels jugadors, o al contrari, "més ràpid", "més intensitat", "més pressió", per activar el seu estat emocional.

Quant al descans, una cosa molt important és que els suplents entrin al vestuari amb els jugadors titulars, en comptes de quedar-se en el camp jugant amb la pilota. De no ser així, els jugadors suplents no estan immersos en el "clima" que aquest viu en el vestuari, per la qual cosa no estaran concentrats en el partit, ni escoltaran les indicacions que està realitzant l'entrenador a l'equip de cara a la segona part.

Respecte a l'actuació de l'entrenador en el descans, cal deixar clar que aquesta ha d'estar destinada únicament a millorar el rendiment de l'equip en la segona part. Els aspectes que puguin corregir-se, però que no tenen rellevància per a la segona part (escalfament incorrecte, un jugador que ja no està en el camp no ha lluitat...) es deixaran per a un altre moment. No és el moment de recriminar aquestes accions. Aquesta actuació es divideix en dos:

- *Actuació tècnica*: l'entrenador, en funció del resultat i desenvolupament del partit, es planteja si ha de canviar el pla d'actuació o no. En cas que decideixi introduir canvis, haurà de definir:

    - quins aspectes han de canviar-se,
    - quines instruccions ha de transmetre als jugadors per aconseguir els canvis esperats.

- *Actuació psicològica:* en funció de la situació del partit i de l'estat emocional dels jugadors, activarà (si estan massa relaxats) o disminuirà (si estan massa inquiets) la tensió emocional dels mateixos, i reforçarà les conductes (per animar als jugadors davant un mal resultat) o utilitzarà un to més crític i exigent amb els jugadors (per prevenir un excés de confiança).

4.4.6.3. Actuació després del partit.

Com a norma general, l'entrenador no realitzarà valoracions en el vestuari immediatament després del partit. Els ànims solen estar molt alterats, tant en els jugadors com en l'entrenador, per la qual cosa el millor serà reflexionar durant uns dies, i en el primer entrenament de la setmana analitzar el partit. D'aquesta forma, l'entrenador s'hauria de limitar a felicitar als jugadors després del partit i quedar per analitzar-lo en el proper entrenament, en cas de victòria, o simplement a citar als jugadors per al proper entrenament en cas de derrota. És adequat, no obstant això, que l'entrenador entri al vestuari al final del partit, per evitar discussions entre companys, animar als jugadors més abatuts després d'una derrota, o simplement preocupar-se pels jugadors lesionats o "tocats".

Ja en el primer entrenament en què es trobi tot el grup després de la competició, s'analitzarà el partit, reforçant les conductes desitjades, i indicant les conductes a corregir, mostrant la forma de fer-ho. És aquí on entrem en el camp de la crítica. L'entrenador no ha de fugir d'aquesta, doncs d'aquesta forma no es milloraran els aspectes que han fallat en l'últim partit. Però aquesta crítica ha de fer-se de forma constructiva, i abans de res ha de quedar clar que es critiquen conductes, no persones. Per realitzar la crítica amb els efectes de millora desitjables, serà molt útil utilitzar el "mètode sandwich", que consisteix en:

- ✓ una afirmació positiva sobre l'aspecte a corregir (el jugador, encara que ha provocat una falta perillosa en la vora de l'àrea, ha pressionat correctament al jugador, orientant-li cap a la banda),
- ✓ assenyalar el que s'ha fet malament i què pot fer-se per actuar correctament,
- ✓ oferir un compliment al jugador (o equip) per animar-li a progressar i aconseguir la conducta desitjada (malgrat no realitzar una bon entrada en aquesta acció, la veritat és que s'ha millorat molt en aquest aspecte, i cada vegada es produeixen menys errors en aquest sentit).

Una estratègia molt apropiada per aconseguir que es produeixi una conducta desitjada o desaparegui una no desitjada és relacionar els resultats dels partits amb les conductes dels jugadors, és a dir, amb els elements interns i controlables (pròpia conducta, que podem controlar i canviar) i no sobre els externs i incontrolables (actuació del contrari, àrbitre, estat del terreny de joc, sobre els quals no podem actuar). Així, l'entrenador podrà dir, per exemple, que s'ha guanyat per les constants recuperacions de pilotes per part dels jugadors del mig camp, o que ens han marcat gols perquè els defenses han perdut la pilota en zones perilloses per voler jugar la pilota en comptes de rebutjar-la. D'aquesta forma el jugador percep que pot fer alguna cosa perquè els resultats siguin positius (continuar amb aquesta conducta, en cas de resultat positiu, o canviar-la, en cas de resultat negatiu). Encara que cal deixar clar que no es tracta de responsabilitzar de la derrota només a un o a diversos jugadors.

5. Estructura del futbol base.

5.1. EQUIPS DE LA SECCIÓ DE FUTBOL BASE.

En el futbol basen existeixen, a nivell federatiu, cinc categories per edats: benjamí, aleví, infantil, cadet i juvenil. La taula nº 15 mostra les edats corresponents a cada categoria, així com els estudis que haurien d'estar cursant en cada cas, com a referència.

Taula nº 15: categories federatives en futbol.

CATEGORIA	EDAT	ESTUDIS
BENJAMÍ	8-9 ANYS	3^r I 4^t DE PRIMÀRIA
ALEVÍ	10-11 ANYS	$5^è$ I $6^è$ DE PRIMÀRIA
INFANTIL	12-13 ANYS	1^r I 2^n D'ESO
CADET	14-15 ANYS	3^r I 4^t D'ESO
JUVENIL	16-17-18 ANYS	1^r I 2^n DE BATXILLERAT I 1^r D'UNIVERSITAT

L'estructura que proposo per a la secció de futbol base d'un club d'elit és la que segueix:

- <u>Benjamins</u>: 3 equips, distribuïts de la següent forma:

    ★ **Benjamí "C"**, format per jugadors de primer any,

    ★ **Benjamí "B"**, format per jugadors de primer i de segon any,

    ★ **Benjamí "A"**, amb jugadors de segon any.

    Opto per tenir 3 equips perquè en benjamins utilitzem el futbol 7, per la qual cosa les plantilles seran més curtes. D'aquesta forma, en tenir 3 equips ens garantim que pugin suficients jugadors a alevins el proper any com per formar una plantilla de futbol 11.

- <u>Alevins</u>: 2 equips:

    ★ **Aleví "B"**: format per jugadors de primer any.

☆ **Aleví "A"**: format per jugadors de segon any.
- Infantils: 2 equips:
    ☆ **Infantil "B"**: format per jugadors de primer any.
    ☆ **Infantil "A"**: amb jugadors de segon any.
- Cadet: 2 equips:
    ☆ **Cadet "B"**: format per jugadors de primer any.
    ☆ **Cadet "A"**: format per jugadors de segon any.
- Juvenil: 2 equips:
    ☆ **Juvenil "B"**: format per jugadors de primer i, en algun cas, de segon any.
    ☆ **Juvenil "A"**: format per jugadors de segon i tercer any.

En juvenils s'ha de fer, en haver-hi només dos equips per a una categoria que dura tres anys, un "sedàs", on només segueixin en el club els millors jugadors, és a dir, els que s'intueix amb una certa claredat que poden arribar a ser professionals.

Per aquest motiu es procurarà que en el juvenil "B" només hi hagi jugadors de primer any, excepte algun jugador amb gran qualitat que vagi una mica retardat quant a desenvolupament biològic, a qui s'intentarà ajudar amb un programa de desenvolupament muscular de cara al seu pas al juvenil "A" la propera temporada.

En el juvenil "A" estaran els jugadors de segon i tercer any, tenint en compte que algun dels jugadors més destacats d'últim any pot passar a jugar ja al segon equip del club o "filial". No es tracta de precipitar-se pujant als jugadors de categoria abans d'hora, però és clar que hi ha jugadors que, a causa de la seva qualitat i nivell de desenvolupament biològic, en ser tan superiors als seus companys i rivals no "competeixen" realment al 100%, i és necessari pujar-los a un nivell superior perquè es vegin obligats a esforçar-se i segueixin progressant.

La taula nº 16 mostra l'estructura proposada, indicant els jugadors que composen cada equip.

Taula nº 16: equips de la secció de futbol base.

EQUIP	JUGADORS
BENJAMÍ "C"	1r ANY
BENJAMÍ "B"	1r I 2n ANY
BENJAMÍ "A"	2n ANY
ALEVÍ "B"	1r ANY
ALEVÍ "A"	2n ANY
INFANTIL "B"	1r ANY
INFANTIL "A"	2n ANY
CADET "B"	1r ANY
CADET "A"	2n ANY
JUVENIL "B"	1r ANY (I 2n)
JUVENIL "A"	2n I 3r ANY

5.2. Organigrama i recursos humans.

La taula nº 17 ens permet observar l'organització proposada per a la secció de futbol base en un club d'elit. Posteriorment es detalla les funcions dels integrants d'aquest organigrama.

Taula nº 17: organigrama de la secció de futbol base.

ESTRUCTURA I PLANIFICACIÓ D'UNA TEMPORADA EN EL FUTBOL BASE D'UN CLUB D'ELIT

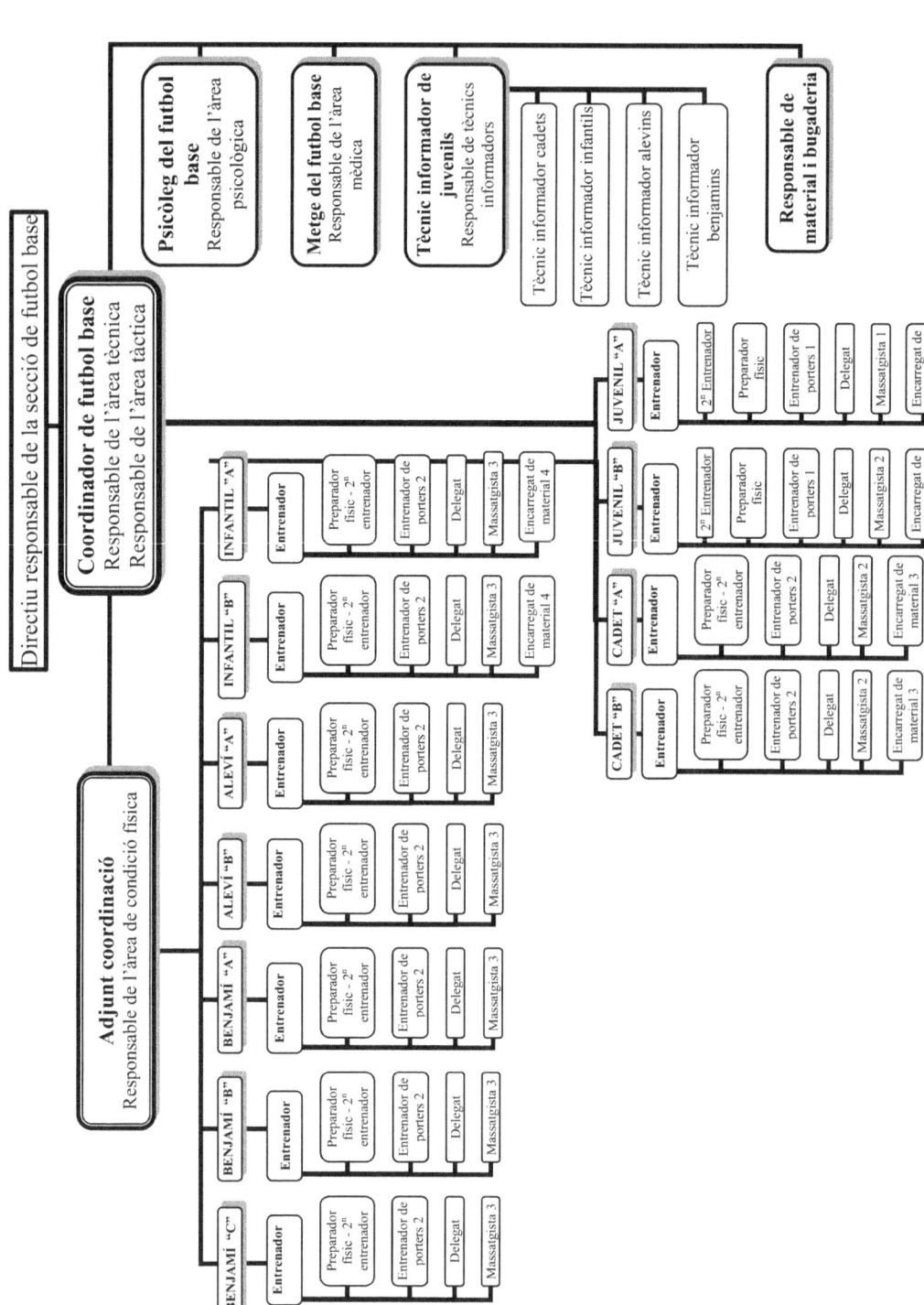

Com pot observar-se, els recursos humans estan distribuïts de la següent manera:

➢ **Directiu responsable de la secció de futbol base.**

És el directiu encarregat de gestionar el futbol base, i serà el nexe d'unió entre aquesta secció i la junta directiva del club. Haurà de deixar total llibertat al coordinador per a les labors tècniques, ocupant-se de la gestió econòmica i del funcionament dels departaments de secretaria, instal·lacions i material, de manera que garanteixi que el club proporcioni al futbol base els mitjans necessaris per al seu correcte funcionament. A més, realitzarà les funcions de relacions públiques que siguin necessàries en aquesta secció.

➢ **Coordinador de futbol base.**

La seva és una funció clau perquè la secció de futbol base funcioni correctament. La seva formació serà la d'entrenador de futbol (a poder ser nacional), amb àmplia experiència en el futbol base.

Les seves funcions principals seran les següents:

✹ *Organitzar el funcionament de la secció, establint diferents departaments o àrees i assignant de forma clara competències a cadascun dels professionals que les integren.*

✹ *Supervisar el funcionament del futbol base, assignant tasques per solucionar problemes que puguin sorgir, i dur a terme reunions amb els responsables de les diferents àrees, proposant millores si escau.*

✹ *Desenvolupar plans de treball per a l'àrea tècnica i tàctica.*

✹ *Seleccionar i formar entrenadors per al futbol base, al mateix temps que fixa un reglament de règim intern.*

✹ *Mantenir, quan ho sol·licitin, reunions amb pares de jugadors. Aquesta funció serà de la competència exclusiva del coordinador, i no dels entrenadors.*

✹ *Establir, prèvia consulta amb els entrenadors, les altes i baixes dels jugadors.*

➢ **Adjunt a coordinació.**

Serà la "mà dreta" del coordinador. Assumirà la funció de responsable de l'àrea de condició física, per la qual cosa la seva formació serà de llicenciat en educació física, així com entrenador de futbol (amb segon nivell és suficient).

Les seves funcions seran:

✯ *Assumir, sempre sota la seva supervisió i en perfecta coordinació amb ell, les funcions del coordinador en els equips infantils i inferiors, per descarregar de treball al primer.*

✯ *Desenvolupar plans de treball per a l'àrea de condició física.*

✯ *Seleccionar i formar preparadors físics pel futbol base, sempre d'acord amb el coordinador.*

➢ **Psicòleg del futbol base.**

Serà el responsable de l'àrea psicològica. Lògicament, la seva formació serà la de psicòleg especialitzat en psicologia esportiva. Addicionalment, seria interessant que conegués l'esport en qüestió per dissenyar tasques d'entrenament psicològic en el camp, per la qual cosa seria convenient que estigués en possessió del títol d'entrenador de futbol (amb primer nivell seria suficient).

Seran les seves funcions:

✯ *Desenvolupar, d'acord amb el coordinador, plans de treball per a l'àrea de preparació psicològica.*

✯ *Mantenir reunions amb els entrenadors dels equips per formar-los i supervisar el seu treball en aquesta àrea.*

✯ *Aplicar en els equips tècniques psicològiques que s'apliquin per primera vegada per ensenyar als entrenadors.*

✯ *Aplicar en els equips tècniques psicològiques que per la seva dificultat no es consideri oportú que les realitzin els propis entrenadors.*

✯ *Elaborar informes d'aquestes proves i fer-los arribar tant al coordinador com als entrenadors implicats.*

✯ *Tractar, de forma individual, problemes d'origen psicològic en jugadors que ho precisin.*

✯ *Assistir, de forma coordinada amb els serveis mèdics, als jugadors en el seu procés de recuperació de lesions mitjançant tècniques psicològiques que ajudin en aquest sentit.*

➢ **Metge del futbol base.**

Serà el responsable de l'àrea mèdica, amb formació de metge especialista en medicina de l'esport. Podrà dedicar-se en exclusiva a aquesta secció, o bé compaginar-la amb les seccions professionals (primer i segon equip) del club, sempre que pugui compaginar-les amb les seves obligacions dins del futbol base. Haurà de tenir contacte periòdic amb el coordinador.

Les seves funcions seran:

✯ *Organitzar, coordinar i supervisar el treball dels massatgistes o fisioterapeutes de la secció.*

✯ *Organitzar els horaris dels massatgistes perquè els equips els tinguin a la seva disposició durant la setmana, tant durant les sessions d'entrenament com en els partits. En aquest sentit, establirà torns perquè, mentre, si és possible, alguns acompanyin als equips en els seus desplaçaments, almenys un estigui en el camp propi per atendre als equips que juguin a casa.*

✯ *Establir protocols d'intervenció per al tracte quotidià dels jugadors davant molèsties i lesions menors.*

✯ *Diagnosticar lesions i proposar, en cada cas, el tractament que ha de rebre cada jugador en el seu procés de recuperació.*

✯ *Donar l'alta als jugadors per tornar a competir.*

✯ *Realitzar una revisió mèdica a cada jugador durant la pretemporada.*

✯ *Portar un registre de les lesions i malalties sofertes per cada jugador.*

➢ **Entrenadors.**

Seran els màxims responsables de cada equip, i els encarregats de dirigir cada plantilla. Les seves funcions seran les habituals en aquest càrrec, sempre vetllant per l'aplicació dels plans de treball proposats pel coordinador. Dirigiran directament les activitats de les àrees tècnica i tàctica, delegant en els seus col·laboradors altres àrees, com la de condició física, en el preparador físic, o la de l'entrenament de porters, en l'entrenador de porters, així com algunes funcions específiques que assigni al seu 2n entrenador o preparador físic-2n entrenador. Hauran de tenir formació com a entrenador (mínim primer nivell).

➢ **2ns entrenadors.**

Són els ajudants dels entrenadors en els equips juvenils. Realitzaran les tasques que en ells deleguin els entrenadors per donar una major qualitat de treball als entrenaments. Així mateix, ajudaran als entrenadors durant els partits mitjançant l'observació de l'equip adversari i/o realitzant control i estadístiques del joc. També hauran de tenir formació com a entrenador (amb primer nivell és suficient).

➢ **Preparadors físics.**

Seran els encarregats d'aplicar, en els equips juvenils, els plans de treball proposats per a l'àrea de preparació física. Hauran de tenir formació com a llicenciat en educació física, a més amb especialització o mestratge en futbol, o amb títol d'entrenador (amb primer nivell ja és suficient).

➢ **Preparadors físics – 2ns entrenadors.**

En els equips cadets i inferiors, assumiran tant les funcions de preparador físic com la de 2n entrenador. Se'ls exigirà la mateixa formació que als preparadors físics.

➢ **Entrenadors de porters.**

Seran els encarregats de dur a terme, sota la supervisió del coordinador, l'entrenament específic dels porters del futbol base. Hauran de tenir formació com a entrenadors (amb primer nivell és suficient), i si pot ser experiència com a porter de futbol. Hi haurà dos:

- **Entrenador de porters 1**: s'encarregarà d'aquesta funció en els dos equips juvenils, estant present en <u>totes</u> les sessions d'entrenament d'aquests equips. En cas de coincidència d'horaris, estarà una part de la sessió amb cada equip.

- **Entrenador de porters 2**: durà a terme la seva funció amb els equips cadets i inferiors, i ho farà un dia a la setmana amb els porters dels equips infantils i inferiors, i dos a la setmana en el cas dels cadets. En aquest cas treballarà en sessions específiques, ajuntant als porters dels dos (o tres) equips de cada categoria (cadet "A" i "B", per exemple) i treballant amb ells al marge de l'equip.

> **Tècnics observadors.**

S'encarregaran d'elaborar informes per al coordinador i els entrenadors. Amb l'objectiu de professionalitzar el futbol base, aquesta funció podrà ser assumida per algun dels 2ns entrenadors, preparadors físics, preparadors físics – 2ns entrenadors o entrenadors de porters. D'aquesta forma, en donar més treball a aquests tècnics, la seva remuneració augmentarà i podran tenir una dedicació total (o gairebé) a aquesta secció del club.

Les seves funcions tindran un doble vessant:

★ *Realitzar informes per al coordinador sobre jugadors d'altres clubs que tinguessin suficient nivell com per fitxar-se.*

★ *Realitzar informes per als entrenadors sobre equips rivals.*

Hi haurà cinc tècnics observadors:

- **Tècnic observador de juvenils:** assumirà la funció de responsable dels tècnics observadors, assignant els partits que han d'anar a observar els tècnics observadors cada setmana. A més, s'encarregarà de fer informes sobre equips i jugadors juvenils.

- **Tècnic observador de cadets:** realitzarà informes d'equips i jugadors cadets.

Tècnic observador d'infantils: durà a terme la seva funció amb equips i jugadors infantils.

 Tècnic observador d'alevins: s'encarregarà dels informes d'alevins.

 Tècnic observador de benjamins: la seva funció es centrarà en els benjamins.

S'ha d'aclarir que, encara que s'ha especialitzat als tècnics observadors per categories, podran realitzar informes d'altres categories en funció de les necessitats del club.

➢ **Delegats.**

Són els representants del club davant els àrbitres i equips rivals.

Les seves funcions seran les següents:

✯ *Rebre a l'àrbitre i a l'equip rival en els partits a casa.*

✯ *Organitzar, d'acord amb l'entrenador, els desplaçaments a camps contraris, acompanyant en ells al seu equip, i gestionant, quan escaigui, la contractació d'autocars, restaurants o hotels.*

✯ *En el cas d'equips que no disposen d'encarregat de material (alevins i benjamins), assumir les seves funcions en els desplaçaments, ajudat pel preparador físic – 2n entrenador o pel massatgista, si es troba present en el partit.*

➢ **Massatgistes.**

S'encarregaran, sota la supervisió del metge del futbol base, d'atendre als jugadors lesionats o amb molèsties. La seva formació serà com a mínim de massatgista, i si és possible de llicenciat en fisioteràpia.

Hi haurà tres massatgistes:

 Massatgista 1: prestarà el seu servei al juvenil "A", estant present en tots els entrenaments i partits d'aquest equip, incloent els desplaçaments. També ajudarà, en el seu horari fora dels entrenaments del seu equip, als massatgistes 2 i 3 a atendre a la resta de jugadors del futbol base.

- **Massatgista 2:** s'encarregarà del juvenil "B" i dels dos cadets. Estarà disponible tots els dies que entrenin aquests equips.

- **Massatgista 3:** assistirà als equips infantils i inferiors. Estarà disponible tots els dies que entrenin aquests equips.

Quant als partits, els massatgistes 2 i 3 tindran un horari fixat pel metge, de manera que un d'ells romandrà tot el dissabte en el camp per assegurar que els equips que juguin a casa disposin d'un massatgista, mentre que l'altre acompanyarà a un dels equips en el seu desplaçament.

➢ **Responsable de material i bugaderia.**

Serà la persona assignada pel club per gestionar el material i vestimenta dels equips, així com el servei de bugaderia. També coordinarà l'actuació dels encarregats de material sobre la base de les consignes que estableixi el coordinador. Assistirà en el camp als equips que no tinguin encarregat de material en els entrenaments i partits disputats a casa.

➢ **Encarregats de material.**

La seva funció serà la de proporcionar a cada equip, d'acord amb les indicacions del responsable de material i bugaderia, el material i vestimenta necessaris per dur a terme sessions d'entrenament i competicions.

El futbol base del club disposarà de 4 encarregats de material:

- **Encarregat de material 1:** atendrà en exclusiva al juvenil "A", tant en entrenaments com en partits a casa i desplaçaments.

- **Encarregat de material 2:** farà el propi amb el juvenil "B".

- **Encarregat de material 3:** durà a terme la seva funció en els 2 equips cadets, tant en els entrenaments com en els partits. En aquest últim cas, acompanyarà al cadet que jugui fora de casa, ja que l'altre podrà ser atès en el propi camp pel responsable de material i bugaderia.

Encarregat de material 4: s'encarregarà dels 2 infantils, en els mateixos termes que en el cas anterior.

Amb l'estructura proposada es pretén donar suficient treball als professionals implicats, de manera que la seva remuneració els permeti dedicar-se en exclusiva al club, amb el que es puguin centrar més en el seu treball, i la qualitat d'ell sigui major, al mateix temps que ens podrem permetre contractar gent més qualificada i mantenir-la més temps. Opto per aquesta opció davant la possibilitat de tenir més personal però amb menys tasques encomanades, doncs, en rebre menor remuneració, la seva dedicació al club serà parcial, com un "complement" o hobby, per la qual cosa no podrem exigir una gran dedicació i formació d'aquest personal.

Òbviament això comporta un pressupost adequat destinat al futbol base del que ja s'ha parlat, aspecte amb el qual ha d'estar d'acord la junta directiva.

6. Seqüenciació de continguts.

A l'hora de donar un ordre als continguts, és a dir, seqüenciar-los, s'ha prescindit de parlar d'etapes (iniciació, formació i perfeccionament, per exemple), i s'ha anat directament a les categories per edats: benjamí, aleví, infantil, cadet i juvenil. Dins de cada àrea, indicarem quins són els continguts a treballar.

6.1. ÀREA TÈCNICA.

En la taula nº 1 es podien observar totes les activitats tècniques a treballar, per ordre en funció de la seva dificultat. El que faré ara serà indicar què exercicis es treballaran en cada categoria. Cada activitat es treballarà en dues categories diferents, per assegurar-nos que aquesta situació de joc està perfectament assimilada. Cal deixar clar que s'indiquen les activitats més adequades per a cada categoria, però que, en funció del nivell de l'equip, podrem començar amb tasques de la categoria inferior, o acabar amb tasques de la categoria superior.

Així, veiem en les taules 18, 19 i 20 la progressió d'activitats proposta per a cada principi del joc d'atac: mantenir la possessió, progressar i finalitzar, respectivament.

Taula nº 18: Activitats per mantenir la possessió.

MANTENIR POSSESSIÓ	Benjamí	Aleví	Infantil	Cadet	Juvenil
6x1	■				
5x1	■				
6x2	■	■			
5x1 amb limitació de tocs	■	■			
6x3+1 pivot	■	■			
4x1		■	■		
4x1 amb limit. tocs		■	■		
4x4+4 pivots externs		■	■		
6x3+1 pivot, limit. tocs			■		
4x4+4 piv. externs, lim. tocs			■		
4x4+2 piv. interns					■
4x4+2 piv. externs					■
4x1, 1 toc					■
4x2					■
Joc 4x2, en 2 camps					■
4x2 lim. tocs					■
Joc 6x3 en 3 camps					■
6x3+1 pivot, 1 toc					■
4x4+2 pivots interns, amb limitació de tocs					■
4x4+2 pivots externs, amb limitació de tocs					■
4x4+4 piv. ext, 1 toc					■
Joc 6x3 en 3 camps, amb limit. tocs					■

Taula nº 19 Activitats per progressar.

PROGRESAR	Benjamí	Aleví	Infantil	Cadet	Juvenil
1x1 plantar pilota darrere la línia	■				
1x1+2 pivots exteriors, 2 porteries	■				
1x1+1 pivot, 2 porteries	■				
2x2+2 pivots exteriors, 2 porteries	■	■			
2x2+pivot, 2 porteries	■	■			
1x1, 2 porteries	■	■			
3x3+2 piv. ext., 2 porteries	■	■			
3x3+pivot, 2 porteries		■	■		
2x2, 2 porteries		■	■		
4x4+2 pivots exteriors, 2 porteries		■	■		
4x4+pivot, 2 porteries			■		
3x3, 2 porteries			■		
4+piv.ext. x 4+piv.ext., 4 porteries paral·leles			■		
4x4+piv., 4 port. paral·leles			■		
4x4+pivot, 4 port. en creu			■		
4x4, 2 porteries			■		
4x4+pivot, 2 porteries, amb límit de tocs					■
4x4, 4 porteries paral·leles					■
4x4, 4 porteries en creu					■
4x4,2 port. amb lím. tocs					■
4x4, 4 porteries paral·leles amb límit de tocs					■
4x4, 4 porteries en creu amb límit de tocs					■
4x4+2 piv. ext., amb 4 port. paral·leles, a 1 toc					■

Taula nº 20: Activitats per finalitzar.

FINALITZAR	Benjamí	Aleví	Infantil	Cadet	Juvenil
1x0+ porter	■				
1x1+ porter	■				
2x1+ porter	■	■			
3x1+ porter	■	■			
3x2+ porter	■	■			
2x2+ porter		■	■		
4x2+ porter		■	■		
4x3+ porter		■	■		
3x3+ porter			■		
4+2 pivots ext. + porter x 4+2 piv. ext.+porter			■		
4+ porter x 4 + porter + pivot					■
4 + porter x 4 + porter					■
4+2 piv. ext. + port. x 4+2 piv. ext.+port.,lim. tocs					■
4+porter x 4+porter + pivot, limit. de tocs					■
4+porter x 4+porter, limitació de tocs					■
4+2 pivots ext.+ porter x 4+2 pivots ext.+ porter, tir només a passada de pivot					■
4+2pivots ext. + porter x 4+2pivots ext. + porter, tir sense control previ					■
4+porter x 4+porter + piv., tir sense control previ					■
4+ porter x 4+ porter, tir sense control previ					■
4 + 2 pivots ext. + porter x 4 + 2 piv. ext .+ porter, tir sense control previ, amb limitació de tocs					■
4 + porter x 4 + porter + pivot, tir sense control previ, amb limitació de tocs					■
4 + porter x 4+ porter, tir sense control previ, amb limitació de tocs					■

6.1.1. Benjamins.

La taula nº 21 mostra les activitats tècniques a treballar en aquesta categoria, tant mitjançant activitats globals com de treball analític (tecnificació).

Taula nº 21: Activitats per al treball de la tècnica en la categoria benjamí.

MANTENIR POSSESSIÓ	PROGRESAR	FINALITZAR	TECNIFICACIÓ
6x1	1x1 plantar la pilota darrere la línia	1x0+ porter	Colpeig amb el peu
5x1	1x1+2 pivots exteriors, 2 porteries	1x1+ porter	Control
6x2	1x1+1 pivot, 2 porteries	2x1+ porter	Conducció
5x1 amb limitació de tocs	2x2+2 pivots exteriors, 2 porteries	3x1+ porter	
6x3+1 pivot	2x2+pivot, 2 porteries	3x2+ porter	
	1x1, 2 porteries		
	3x3+2 piv. ext., 2 porteries		

6.1.2. Alevins.

En la taula nº 22 s'observen el treball tècnic a treballar en aquesta categoria.

Taula nº 22: Activitats pel treball de la tècnica en la categoria aleví.

MANTENIR POSSESSIÓ	PROGRESAR	FINALITZAR	TECNIFICACIÓ
6x2	2x2+2 pivots exteriors, 2 porteries	2x1+ porter	Colpeig amb el peu
5x1 amb limitació de tocs	2x2+pivot, 2 porteries	3x1+ porter	Control orientat
6x3+1 pivot	1x1, 2 porteries	3x2+ porter	Colpeig amb el cap
4x1	3x3+2 piv. ext., 2 porteries	2x2+ porter	
4x1 amb limit. tocs	3x3+pivot, 2 porteries	4x2+ porter	
4x4+4 pivots externs	2x2, 2 porteries	4x3+ porter	
	4x4+2 pivots exteriors, 2 porteries		

6.1.3. Infantils.

La taula nº 23 ens permet observar els continguts tècnics a treballar en infantils.

Taula nº 23: Activitats per al treball de la tècnica en la categoria infantil.

MANTENIR POSSESSIÓ	PROGRESAR	FINALITZAR	TECNIFICACIÓ
4x1	3x3+pivot, 2 porteries	2x2+ porter	Colpeig amb el peu
4x1 amb limit. tocs	2x2, 2 porteries	4x2+ porter	Colpeig amb el cap
4x4+4 pivots externs	4x4+2 pivots exteriors, 2 porteries	4x3+ porter	Entrada
6x3+1 pivot, limit. tocs	4x4+pivot, 2 porteries	3x3+ porter	
4x4+4 piv. externs, lim. tocs	3x3, 2 porteries	4+2 pivots ext. + porter x 4+2 piv. ext.+porter	
	4+piv.ext. x 4+piv.ext., 4 porteries paral·leles		
	4x4+piv., 4 port. paral·leles		
	4x4+pivot, 4 port. en creu		
	4x4, 2 porteries		

6.1.4. Cadets.

La taula nº 24 mostra les activitats tècniques a treballar en la categoria de cadets. Quant al treball analític, el farem servir únicament per a la millora del tir amb el peu i amb el cap, per assegurar-nos que tots els jugadors realitzen el mateix nombre de repeticions en l'entrenament d'aquests gestos tècnics. Proposo això a causa de la ja coneguda transcendència que té per al resultat dels partits l'encert en aquest element tècnic. A més s'utilitzarà la metodologia analítica per realitzar les correccions que siguin necessàries sobre qualsevol aspecte tècnic tant a nivell individual com a col·lectiu.

Taula nº 24: Activitats pel treball de la tècnica en la categoria cadet.

MANTENIR POSSESSIÓ	PROGRESAR	FINALITZAR	TECNIFICACIÓ
6x3+1 pivot, limit. tocs	4x4+pivot, 2 porteries	3x3+ porter	Tir amb el peu
4x4+4 piv. externs, lim. tocs	3x3, 2 porteries	4+2 pivots ext. + porter x 4+2 piv. ext.+porter	Tir amb el cap
4x4+2 piv. interns	4+piv.ext. x 4+piv.ext., 4 porteries paral·leles	4+ porter x 4 + porter + pivot	Correccions
4x4+2 piv. externs	4x4+piv., 4 port. paral·leles	4 + porter x 4 + porter	
4x1, 1 toc	4x4+pivot, 4 port. en creu	4+2 piv. ext. + port. x 4+2 piv. ext.+port.,lim. tocs	
4x2	4x4, 2 porteries	4+porter x 4+porter + pivot, limit. de tocs	
Joc 4x2, en 2 camps	4x4+pivot, 2 porteries, amb límit de tocs	4+porter x 4+porter, limitació de tocs	
4x2 lim. tocs	4x4, 4 porteries paral·leles		
Joc 6x3 en 3 camps	4x4, 4 porteries en creu		
	4x4,2 port. amb lím. tocs		

6.1.5. Juvenils.

A la taula nº 25 s'observa el treball tècnic a treballar en aquesta categoria. El treball analític s'orienta en la mateixa direcció que en cadets (tir amb el peu i amb el cap i correccions).

Taula nº 25: Activitats pel treball de la tècnica en la categoria juvenil.

MANTENIR POSSESSIÓ	PROGRESAR	FINALITZAR	TECNIFICACIÓ
4x4+2 piv. interns	4x4+pivot, 2 porteries, amb límit de tocs	4+ porter x 4 + porter + pivot	Tir amb el peu
4x4+2 piv. externs	4x4, 4 porteries paral·leles	4 + porter x 4 + porter	Tir amb el cap
4x1, 1 toc	4x4, 4 porteries en creu	4+2 piv. ext. + port. x 4+2 piv. ext.+port.,lim. tocs	Correccions
4x2	4x4,2 port. amb lím. tocs	4+porter x 4+porter + pivot, limit. de tocs	
Joc 4x2, en 2 camps	4x4, 4 porteries paral·leles amb límit de tocs	4+porter x 4+porter, limitació de tocs	
4x2 lim. toques	4x4, 4 porteries en creu amb límit de tocs	4+2 pivots ext.+ porter x 4+2 pivots ext.+ porter, tir només a passada de pivot	
Joc 6x3 en 3 camps	4x4+2 piv. ext., 4 port. paral·leles, a 1 toc	4+2pivots ext. + porter x 4+2pivots ext. + porter, tir sense control previ	
6x3+1 pivot, 1 toc		4+porter x 4+porter + piv., tir sense control previ	

MANTENIR POSSESSIÓ	PROGRESAR	FINALITZAR	TECNIFICACIÓ
4x4+2 pivots interns, amb limitació de tocs		4+ porter x 4+ porter, tir sense control previ	
4x4+2 pivots externs, amb limitació de tocs		4 + 2 pivots ext. + porter x 4 + 2 piv. ext .+ porter, tir sense control previ, amb limitació de tocs	
4x4+4 piv. ext, 1 toc		4 + porter x 4 + porter + pivot, tir sense control previ, amb limitació de tocs	
Joc 6x3 en 3 camps, amb limit. tocs		4 + porter x 4+ porter, tir sense control previ, amb limitació de tocs	

6.2. ÀREA TÀCTICA.

Una vegada comentades, en el punt 4.2, totes les activitats per al treball d'aquesta àrea, proposo una seqüenciació d'aquestes en funció de les categories per edats, que queda representada en la taula nº 26.

Taula nº 26: Activitats per al treball de la tàctica a cada categoria.

	ACTIVITATS TÀCTIQUES	Benjamí	Aleví	Infantil	Cadet	Juvenil
FUTBOL 7						
ATAC	PO	■				
	Transició	■				
	Zones de joc	■				
	Fonaments ofensius	■				
	Rondo tàctic en zona 1	■				
	Rondo tàctic en zona 2	■				
	Rondo tàctic en zones 1 i 2	■				
	Acció combinada	■				
DEFENSA	PD	■				
	Fonaments defensius	■				
	Situació defensiva 1x1+porter	■				
	Situació defensiva 1x2+porter	■				
	Situació defensiva 2x2+porter	■				
	Situació defensiva 2x3+porter	■				
ESTRATÈGIA	Córners a favor	■				
	Córners en contra	■				
	Faltes a favor a la vora de l'àrea	■				
	Serveis de banda	■				
	TEST TACTIC	■				
FUTBOL 11						
ATAC	PO		■	■		■
	Transició		■	■		■
	Zones de joc		■	■		■
	Filosofia del joc d'atac			■		■
	Estructura 2					■
	Fonaments ofensius		■	■		■
	Rondo tàctic en zones 1 i 2		■			■
	Rondo tàctic en zona 2		■	■		■
	Rondo tàctic en zones 2 i 3			■		■
	Rondo tàctic en zones 1, 2 i 3			■		■
	Atac organitzat recolzament amb punta de cara		■	■		■
	Atac organitzat recolzament amb punta d'esquenes		■	■		■
	Atac organitzat recolzament amb interior			■		■
	Atac organitzat sortida amb el central			■		■
	Atac organitzat recolzament del central amb entrada de l'interior					■
	Contraatac amb passada a l'interior contrari					■
	Contraatac amb passada a punta d'esquenes					■
DEFENSA	Filosofia de la defensa en zona		■	■		■
	PD1		■	■		■
	PD2		■	■		■
	PD3					■
	Fonaments defensius		■	■		■
	Treball de cobertura i permuta		■	■		■
	Treball 1x1		■	■		■
	Treball 2x1		■	■		■
	Treball 3x2		■	■		■
	Treball 4x3		■	■		■
	Treball 6x4			■		■
	Treball 8x6			■		■
	Treball 10x8			■		■
	Posició de l'equip respecte a la pilota			■		■
	Flexing de seguretat					■
	Vigilàncies					■
ESTRATÈGIA	1ª opció córner a favor		■	■		■
	2ª opció córner a favor		■	■		■
	3ª opció córner a favor			■		■
	4ª opció córner a favor					■
	5ª opció córner a favor					■
	Córner en contra		■	■		■
	1ª opció falta a la vora de l'àrea		■	■		■
	2ª opció falta a la vora de l'àrea			■		■
	3ª opció falta a la vora de l'àrea					■
	4ª opció falta a la vora de l'àrea		■			■
	5ª opció falta a la vora de l'àrea					■
	6ª opció falta a la vora de l'àrea					■
	1ª opció falta en zona 3 escorada		■	■		■
	2ª opció falta en zona 3 escorada					■
	Faltes de jugada					■
	Estratègia defensiva davant pilotes aèries			■		■
	1ª opció serveis de banda en zona 3		■	■		■
	2ª opció serveis de banda en zona 3					■
	3ª opció serveis de banda en zona 3					■
	4ª opció serveis de banda en zona 3					■
	Serveis de centre			■		■
	TEST TACTIC		■	■		■

6.2.1. Benjamins.

En aquesta categoria els jugadors practicaran el futbol 7, més adaptat a les possibilitats dels nens d'aquesta edat. Es treballaran uns continguts molt bàsics, tant a nivell d'atac, com de defensa i d'estratègia (taula nº 27).

Taula nº 27: Activitats pel treball de la tàctica en benjamins.

		ACTIVITATS TÀCTIQUES
FUTBOL 7	ATAC	PO
		Transició
		Zones de joc
		Fonaments ofensius
		Rondo tàctic en zona 1
		Rondo tàctic en zona 2
		Rondo tàctic en zones 1 i 2
		Acció combinada
	DEFENSA	PD
		Fonaments defensius
		Situació defensiva 1x1+porter
		Situació defensiva 1x2+porter
		Situació defensiva 2x2+porter
		Situació defensiva 2x3+porter
	ESTRATÈGIA	Córners a favor
		Córners en contra
		Faltes a favor a la vora de l'àrea
		Serveis de banda
		TEST TÀCTIC

6.2.2. Alevins.

A partir d'aquesta categoria els jugadors ja començaran a practicar el futbol 11, afegint nous aspectes tàctics al seu entrenament (taula nº 28).

Taula nº 28: Activitats pel treball de la tàctica en alevins.

ATAC	PO
	Transició
	Zones de joc
	Filosofia del joc d'atac
	Fonaments ofensius
	Rondo tàctic en zones 1 i 2
	Rondo tàctic en zona 2
	Atac organitzat recolzament amb punta de cara
	Atac organitzat recolzament punta d'esquenes
DEFENSA	Filosofia de la defensa en zona
	PD2
	Fonaments defensius
	Treball de cobertura i permuta
	Treball 1x1
	Treball 2x1
	Treball 3x2
	Treball 4x3
	Treball 6x4
ESTRATÈGIA	1ª opció córner a favor
	2ª opció córner a favor
	Córner en contra
	1ª opció falta vora de l'àrea
	4ª opció falta vora de l'àrea
	6ª opció falta vora de l'àrea
	1ª opció falta en zona 3 escorada
	1ª opció serveis de banda en zona 3
	TEST TÀCTIC

6.2.3. Infantils.

La taula nº 29 mostra les activitats d'entrenament tàctic en aquesta categoria, en la qual s'han afegit aspectes tant en atac, com en defensa i en estratègia.

Taula nº 29: Activitats pel treball de la tàctica en infantils.

ACTIVITATS TÀCTIQUES	
ATAC	PO
	Transició
	Zones de joc
	Filosofia del joc d'atac
	Fonaments ofensius
	Rondo tàctic en zones 1 i 2
	Rondo tàctic en zona 2
	Rondo tàctic en zones 2 i 3
	Rondo tàctic en zones 1, 2 i 3
	Atac organitzat recolzament amb punta de cara
	Atac organitzat recolzament amb punta d'esquenes
	Atac organitzat recolzament amb interior
	Atac organitzat sortida amb el central
DEFENSA	Filosofia de la defensa en zona
	PD2
	Fonaments defensius
	Treball de cobertura i permuta
	Treball 1x1
	Treball 2x1
	Treball 3x2
	Treball 4x3
	Treball 6x4
	Treball 8x6

ESTRATÈGIA	Treball 10x8 Posició de l'equip amb respecte la pilota 1ª opció córner a favor 2ª opció córner a favor 3ª opció córner a favor Córner en contra 1ª opció falta vora de l'àrea 2ª opció falta vora de l'àrea 4ª opció falta vora de l'àrea 5ª opció falta vora de l'àrea 6ª opció falta vora de l'àrea 1ª opció falta en zona 3 escorada Faltes de jugada 1ª opció servei de banda en zona 3 2ª opció servei de banda en zona 3 Servei centre

TEST TÀCTIC

6.2.4. Cadets.

En aquesta categoria el jugador ja és capaç d'assimilar més aspectes tàctics, per la qual cosa augmenta en gran mesura el treball tàctic (taula nº 30).

Taula nº 30: Activitats pel treball de la tàctica en cadets.

ATAC	PO Transició Zones de joc Filosofia del joc d'atac Estructura 2 Fonaments ofensius Rondo tàctic en zones 1 i 2 Rondo tàctic en zona 2 Rondo tàctic en zones 2 i 3 Rondo tàctic en zones 1, 2 i 3 Atac organitzat recolzament amb punta de cara Atac organitzat recolzament amb punta d'esquenes Atac organitzat recolzament amb interior Atac organitzat sortida amb el central Atac organitzat recolzament del central amb entrada de l'interior
DEFENSA	Filosofia de la defensa en zona PD1 PD2 Fonaments defensius Treball de cobertura i permuta Treball 1x1 Treball 2x1 Treball 3x2 Treball 4x3 Treball 6x4 Treball 8x6 Treball 10x8 Posició de l'equip amb respecte la pilota

ESTRATÈGIA	Flexing de seguretat
Vigilàncies

1ª opció córner a favor
2ª opció córner a favor
3ª opció córner a favor
4ª opció córner a favor
5ª opció córner a favor
Córner en contra
1ª opció falta vora de l'àrea
2ª opció falta vora de l'àrea
3ª opció falta vora de l'àrea
4ª opció falta vora de l'àrea
5ª opció falta vora de l'àrea
6ª opció falta vora de l'àrea
1ª opció falta en zona 3 escorada
2ª opció falta en zona 3 escorada
Faltes de jugada
Estratègia defensiva davant pilotes aèries
1ª opció servei de banda en zona 3
2ª opció servei de banda en zona 3
3ª opció servei de banda en zona 3
Servei de centre |

TEST TÀCTIC

6.2.5. Juvenils.

Finalment, afegim els últims aspectes, donant més bagatge tàctic al jugador, com s'observa en la taula nº 31.

Taula nº 31: Activitats pel treball de la tàctica en juvenils.

ATAC	PO
	Transició
	Zones de joc
	Filosofia del joc d'atac
	Estructura 2
	Fonaments ofensius
	Rondo tàctic en zones 1 i 2
	Rondo tàctic en zona 2
	Rondo tàctic en zones 2 i 3
	Rondo tàctic en zones 1, 2 i 3
	Atac organitzat recolzament amb punta de cara
	Atac organitzat recolzament amb punta d'esquenes
	Atac organitzat recolzament amb interior
	Atac organitzat sortida amb el central
	Atac organitzat recolzament del central amb entrada de l'interior
	Contraatac amb passada a interior contrari
	Contraatac amb passada a punta d'esquenes
DEFENSA	Filosofia de la defensa en zona
	PD1
	PD2
	PD3
	Fonaments defensius
	Treball de cobertura i permuta
	Treball 1x1
	Treball 2x1
	Treball 3x2
	Treball 4x3
	Treball 6x4
	Treball 8x6

ESTRATÈGIA
- **Treball 10x8**
- **Posició de l'equip amb respecte la pilota**
- **Flexing de seguretat**
- **Vigilàncies**
- **1ª opció córner a favor**
- **2ª opció córner a favor**
- **3ª opció córner a favor**
- **4ª opció córner a favor**
- **5ª opció córner a favor**
- **Córner en contra**
- **1ª opció falta vora àrea**
- **2ª opció falta vora àrea**
- **3ª opció falta vora àrea**
- **4ª opció falta vora àrea**
- **5ª opció falta vora àrea**
- **6ª opció falta vora àrea**
- **1ª opció falta en zona 3 escorada**
- **2ª opció falta en zona 3 escorada**
- **Faltes de jugada**
- **Estratègia defensiva davant pilotes aèries**
- **1ª opció servei de banda en zona 3**
- **2ª opció servei de banda en zona 3**
- **3ª opció servei de banda en zona 3**
- **4ª opció servei de banda en zona 3**
- **Servei de centre**

TEST TÀCTIC

6.3. ÀREA DE CONDICIÓ FÍSICA.

Per a una millor comprensió de com es desenvoluparà posteriorment la planificació d'aquests continguts, l'he desglossat en tres nivells d'entrenament: nivell bàsic, nivell específic i nivell competitiu, tal com pot observar-se en la taula nº 32. Podem veure que hi ha unes capacitats a nivell regenerador, que no augmentaran el rendiment però sí afavoriran els processos de recuperació. A més, veiem que apareix tant la flexibilitat dinàmica (FLD) com l'estàtica (FLE) en els nivells bàsic, específic i competitiu amb finalitats de prevenció de lesions.

Taula nº 32: estructuració dels continguts en nivells d'entrenament.

Nivell bàsic	AEL-AEG
	CAE-PAE
	CFG
	FM
	FM/FE
	VR
	FLD/FLE
Nivell específic	CAL-PLA
	FEE
	VD
	FLD/FLE
Nivell competitiu	RC
	VO
	FLD/FLE
Nivell regenerador	AER
	FLE

Aquesta estructuració dels continguts ens serà de gran utilitat a l'hora de programar l'entrenament al llarg de la temporada.

Una vegada dit això, presento, en la taula nº 33, una proposta per a l'entrenament de la condició física en cadascuna de les categories. Observi's que els tests de valoració proposats en l'apartat 4.3.5 es portaran a partir d'infantils, categoria on ja hi ha un treball de l'àrea de condició física considerable. Considero que no serà útil fer-ho abans, doncs en les categories benjamí i aleví es treballa poc en aquesta àrea, ja que és un moment per centrar-nos i dedicar més temps en altres aspectes més adequats al nivell de desenvolupament evolutiu del jugador, com pot ser la tècnica.

Taula nº 33: continguts a treballar a l'àrea de condició física en funció de la categoria.

CAPACITATS A ENTRENAR		Benjamí	Aleví	Infantil	Cadet	Juvenil
RESISTÈNCIA	AEL-AEG	X		X		X
	CAE-PAE		X	X		X
	CAL-PLA					X
	RC					X
	AER					X
FORÇA	CFG			X		X
	FM					X
	FM/FE					X
	FEE				X	X
VELOCITAT	VR	X	X	X		X
	VD				X	X
	VO		X	X		X
FLEXIBILITAT	FLD	X	X	X		X
	FLE	X	X	X		X
TESTS	RESISTÈNCIA				X	X
	FORÇA				X	X
	VELOCITAT				X	X

6.3.1. Benjamins.

En la taula nº 34 mostro els continguts a treballar en aquesta categoria dins de l'àrea de condició física. Com pot veure's, únicament es treballa en aquesta àrea la resistència a nivell de AEL-AEG, preferentment amb activitats amb pilota, i la VR, també amb pilota, a més del treball a nivell de flexibilitat (FLD i FLE).

Taula nº 34: continguts a treballar a l'àrea de condició física en benjamins.

CONDICIÓ FÍSICA EN BENJAMINS	
RESISTÈNCIA	AEL-AEG
VELOCITAT	VR
FLEXIBILITAT	FLD
	FLE

6.3.2. Alevins.

Tal com s'observa en la taula nº 35, s'afegeix el treball de resistència de CAE-PAE, que comporta una major intensitat, i el treball de velocitat òptima, incidint més sobre l'aspecte de tècnica que sobre el de velocitat de desplaçament. El treball de AEL-AEG s'utilitza fonamentalment com a adaptació en l'inici dels entrenaments.

Taula nº 35: continguts a treballar a l'àrea de condició física en alevins.

CONDICIÓN FÍSICA EN ALEVINS	
RESISTÈNCIA	AEL-AEG
	CAE-PAE
VELOCITAT	VR
	VO
FLEXIBILITAT	FLD
	FLE

6.3.3. Infantils.

Segons s'observa en la taula nº 36, es comença amb el treball de força, de CFG i de FEE, iniciant aquest entrenament de forma acurada i progressiva. A més, aprofitarem aquesta millora de força per començar amb l'entrenament de la velocitat de desplaçament, intentant "transformar" la primera en la segona.

Taula nº 36: continguts a treballar a l'àrea de condició física en infantils.

CONDICIÓ FÍSICA EN INFANTILS	
RESISTÈNCIA	AEL-AEG
	CAE-PAE
FORÇA	CFG
	FEE
VELOCITAT	VR
	VD
	VO
FLEXIBILITAT	FLD
	FLE
TESTS	RESISTÈNCIA
	FORÇA
	VELOCITAT

6.3.4. Cadets.

En aquesta categoria ja comencem amb el treball de CAL-PLA, entrant en zona anaeròbica làctica, així com de RC (taula nº 37). En ser les càrregues més grans, també augmenten les necessitats quant a recuperació, per la qual cosa es començarà a utilitzar l'entrenament aeròbic amb finalitats de recuperació. Quant a la força, s'introdueix l'entrenament de força màxima (FM) en gimnàs. El treball de CFG serveix només d'introducció en pretemporada.

Taula nº 37: continguts a treballar a l'àrea de condició física en cadets.

CONDICIÓ FÍSICA EN CADETS	
RESISTÈNCIA	AEL-AEG
	CAE-PAE
	CAL-PLA
	RC
	AER
FORÇA	CFG
	FM
	FEE
VELOCITAT	VR
	VD
	VO
FLEXIBILIDAD	FLD
	FLE
TESTS	RESISTÈNCIA
	FORÇA
	VELOCITAT

6.3.5. Juvenils.

L'única novetat respecte a l'anterior categoria és la introducció del mètode de FM/FE, amb càrregues d'elevada intensitat, que ens permetrà, una vegada tenim una base d'anys en l'entrenament de força, augmentar en major mesura tant la força màxima com l'explosiva (taula nº 38). El treball de CFG i de FM s'utilitza únicament com a adaptació a l'entrenament de FM/FE.

Taula nº 38: continguts a treballar a l'àrea de condició física en juvenils.

CONDICIÓ FÍSICA EN JUVENILS	
RESISTÈNCIA	AEL-AEG
	CAE-PAE
	CAL-PLA
	RC
	AER
FORÇA	AFG
	FM
	FM/FE
	FEE
VELOCITAT	VR
	VD
	VO
FLEXIBILITAT	FLD
	FLE
TESTS	RESISTÈNCIA
	FORÇA
	VELOCITAT

6.4. ÀREA DE PREPARACIÓ PSICOLÒGICA.

En l'apartat de metodologia s'ha explicat el programa d'intervenció psicològica, detallant cadascuna de les tècniques o actuacions utilitzades en aquesta àrea. La taula nº 39 és una proposta d'aplicació d'elles en cada categoria.

Taula nº 39: Intervenció psicològica en funció de la categoria.

INTERVENCIÓ PSICOLÒGICA		Benjamí	Aleví	Infantil	Cadet	Juvenil
Sociograma				X		
Sistema d'avaluació conductual dels entrenadors (SECE/CBAS)		X		X		X
Qüestionari de característiques psicològiques relacionades amb l'alt rendiment esportiu (CPRD)						
Ajuda en la recuperació de lesions					X	
Actuació als entrenaments	Normes de comportament	X	X	X		X
	Motivació	X	X	X		X
	Preparar partits		X	X		X
	Entrevistes i reunions amb els jugadors		X	X		X
	Número de jugadors a la plantilla	X	X	X		X
	Relaxació autògena de Schultz i visualització					X
	Entrenament psicològic al camp: tasques pràctiques				X	
Actuació als partits	Actuació als moments previs a la competició	X	X	X		X
	Actuació durant el partit	X	X	X		
	Actuació després del partit	X	X	X		X

6.4.1. Benjamins.

Amb els esportistes més joves aplicarem els aspectes més simples de la intervenció psicològica (taula nº 40). Especialment ens centrarem a crear unes condicions elementals que afavoreixin el treball tant en entrenaments com en partits (normes de comportament, motivació per part de l'entrenador, actuació en els moments previs a la competició, etc.). A més, el psicòleg passarà el qüestionari CBAS per analitzar la conducta de l'entrenador.

Taula nº 40: Intervenció psicològica a la categoria benjamí.

INTERVENCIÓ PSICOLÒGICA		
Sistema d'avaluació conductual dels entrenadors (SECE/CBAS)		
Actuació als entrenaments		Normes de comportament
		Motivació
		Entrevistes i reunions amb els jugadors
		Número de jugadors a la plantilla
Actuació als partits		Actuació als moments previs a la competició
		Actuació durant el partit
		Actuació després del partit

6.4.2. Alevins.

A part de les tècniques ja treballades en l'anterior categoria, introduïm l'anàlisi dels rivals per preparar el partit del cap de setmana, la qual cosa, com ja s'ha dit, augmenta en gran mesurada la motivació del jugador, en percebre objectius assolibles a curt termini. La taula nº 41 mostra l'actuació psicològica proposta per a aquesta edat.

Taula nº 41: Intervenció psicològica a la categoria aleví.

INTERVENCIÓ PSICOLÒGICA	
Sistema d'avaluació conductual dels entrenadors (SECE/CBAS)	
Actuació als entrenaments	Normes de comportament
	Motivació
	Preparar partit
	Entrevistes i reunions amb els jugadors
	Número de jugadors a la plantilla
Actuació als partits	Actuació als moments previs a la competició
	Actuació durant el partit
	Actuació després del partit

6.4.3. Infantils.

A les anteriors afegirem tres noves actuacions a nivell psicològic: el sociograma, l'ajuda en la recuperació de lesions i l'entrenament psicològic en el propi camp mitjançant tasques pràctiques (taula nº 42).

Taula nº 42: Intervenció psicològica a la categoria infantil.

INTERVENCIÓ PSICOLÒGICA	
Sociograma	
Sistema d'avaluació conductual dels entrenadors (SECE/CBAS)	
Ajuda en la recuperació de lesions	
Actuació als entrenaments	Normes de comportament
	Motivació
	Preparar partit
	Entrevistes i reunions amb els jugadors
	Número de jugadors a la plantilla
	Entrenament psicològic al camp: tasques pràctiques
Actuació als partits	Actuació als moments previs a la competició
	Actuació durant del partit
	Actuació després del partit

6.4.4. Cadets i juvenils.

Quan el seu desenvolupament intel·lectual és major, introduirem les últimes tècniques del programa d'intervenció psicològica proposat: el qüestionari CPRD, la relaxació autògena de Schultz i la visualització, tal com es detalla en la taula nº 43.

Taula nº 43: Intervenció psicològica a les categories cadet i juvenil.

INTERVENCIÓ PSICOLÒGICA	
Sociograma	
Sistema d'avaluació conductual dels entrenadors (SECE/CBAS)	
Qüestionari de característiques psicològiques relacionades amb l'alt rendiment esportiu (CPRD)	
Ajuda en la recuperació de lesions	
Actuació als entrenaments	Normes de comportament
	Motivació
	Preparar partits
	Entrevistes i reunions amb els jugadors
	Número de jugadors a la plantilla
	Relaxació autògena de Schultz y visualització
	Entrenament psicològic al camp: tasques pràctiques
Actuació als partits	Actuació als moments previs a la competició
	Actuació durant el partit
	Actuació després del partit

7. Planificació.

7.1. MODEL DE PLANIFICACIÓ.

En el present apartat es presenta i justifica la proposta de planificació per a cadascuna de les àrees.

7.1.1. Àrea tècnica.

En el cas de la planificació de la tècnica, simplement es treballarà una vegada per setmana cadascun dels principis del joc: mantenir la possessió, progressar i finalitzar. Això es farà amb les tasques proposades en l'apartat 7.1 per a cadascuna de les categories.

D'altra banda, l'entrenament analític de tecnificació es durà a terme solament una vegada a la setmana, amb tan sols un dels elements tècnics proposats en cada categoria. Encara que en el cas de cadets i juvenils l'entrenament analític es realitzarà també una vegada a la setmana, però amb la particularitat que en ell es treballaran sempre dos elements: el tir amb el peu i el tir amb el cap, tret que calgui realitzar alguna correcció sobre algun gest tècnic concret.

7.1.2. Àrea tàctica.

Tal com veurem més endavant, es proposa entrenar un dia a la setmana l'atac, un altre la defensa i un altre l'estratègia. Així, cada setmana s'entrenarà un aspecte de cadascuna d'aquestes parts de la tàctica. Més endavant es mostrarà un full de planificació per a la tàctica en cada categoria.

Lògicament, aquesta planificació serà flexible, en funció de les necessitats que es detectin en els partits.

7.1.3. Àrea de condició física.

Per organitzar el treball a desenvolupar al llarg de tota la temporada es segueix un model de planificació que es basa, amb algunes modificacions, en la proposada per Jordi Álvaro, que a la seva vegada és una variant del ATR per a esports col·lectius.

Aquesta planificació divideix la temporada en tres períodes (preparatori, competitiu i transitori). Dins de cada període se succeeixen cicles ATR. Cadascun d'aquests cicles es compon d'un mesocicle d'**ACUMULACIÓ**, un altre de **TRANSFORMACIÓ** i un altre de **REALITZACIÓ**.

En el mesocicle d'acumulació es treballen els continguts del nivell bàsic de cada capacitat física, que es mostraven en la taula nº 32.

En el de transformació treballarem els continguts del nivell específic.

Finalment, en el mesocicle de realització el treball serà amb els continguts del nivell competitiu.

Quant al període preparatori, dins dels mesocicles corresponents utilitzarem els següent tipus de microcicles:

> **d'ajust:** té l'objectiu de preparar a l'esportista per al següent estat d'entrenament, en aquest cas després de les vacances,

> **d'impacte:** es caracteritzen per una càrrega d'entrenament màxima, amb absència de recuperació total durant el microcicle,

> **d'activació:** faciliten la preparació immediata de l'esportista a la competició.

Però en el període competitiu s'utilitzen un altre tipus de microcicles, que són específics dels esports col·lectius:

⇨ **M1:** microcicles tipus, amb una competició setmanal davant un rival de dificultat mitjana,

⇨ **M1+:** microcicle amb una competició davant un rival directe,

⇨ **M2:** microcicle amb més d'una competició,

⇨ **M1-:** microcicle amb una competició davant rivals de resultat previsible,

⇨ **M0:** microcicles sense competició,

⇨ **Recuperador:** microcicle profilàctic per descarregar quan es porten molts microcicles de càrrega.

En l'apartat corresponent a cada categoria es mostrarà un full de planificació adaptada a les seves necessitats i als continguts d'entrenament proposats en cada cas.

7.1.4. Àrea psicològica.

L'apartat 7.4 ha indicat els continguts d'aquesta àrea a treballar en cada categoria. A més, en successius apartats es mostrarà un full de planificació de l'àrea psicològica per a cada categoria on s'indica el moment d'aplicació de cada contingut al llarg de la temporada.

En ells podem observar que alguns continguts només s'apliquen una vegada, i no necessiten d'un entrenament previ, com és el cas del sociograma, i uns altres precisen d'una fase de familiarització per arribar a dominar-los efectivament, i d'una fase d'aplicació que dura la resta de la temporada, doncs s'utilitzen assíduament, com pot ser el cas de la relaxació autògena.

No obstant això, cal deixar clar que una bona planificació a nivell psicològic serà, no només la que apliqui la metodologia adequadament, sinó també la que sigui capaç d'adaptar-se a les demandes de la realitat competitiva. Per exemple, si l'equip ha fallat en l'últim partit en la concentració en jugades d'estratègia ofensiva, serà precisament aquest aspecte sobre el qual se centri el treball psicològic durant la setmana vinent d'entrenaments.

7.2. PLANIFICACIÓ PER CATEGORIES.

7.2.1. Benjamins.

7.2.1.1. Model de microcicle.

Es proposen 3 entrenaments setmanals d'una hora de durada. La taula nº 44 mostra el "microcicle bàsic" per a aquesta categoria.

Taula nº 44: Model de microcicle per l'entrenament amb benjamins.

ÀREA	DILLUNS	DIMARTS	DIMECRES	DIJOUS	DIVENDRES	DISABTE	DIUMENGE
TÈCNICA		MANTENIR POSSESSIÓ		PROGRESSAR	FINALITZAR TECNIFICACIÓ	PARTIT	
TÀCTICA		ATAC		DEFENSA	ESTRATÈGIA		
CONDICIÓ FÍSICA		RESISTÈNCIA		VELOCITAT			

7.2.1.2. Model de planificació.

Les taules n. 45, 46 i 47 mostren una fulla de planificació per a l'àrea tàctica, per la de condició física i per a la psicològica, respectivament.

En el cas de les dues primeres, es mostren els continguts a treballar setmanalment, mentre que en el cas de l'àrea psicològica la planificació és més general, indicant aproximadament el moment a aplicar cada aspecte (pretemporada, puntualment, durant tota la temporada...).

BENJAMÍ - PLANIFICACIÓ TÀCTICA - TEMPORADA 2005/06

MES	SETEMBRE		OCTUBRE				NOVEMBRE				DESEMBRE				GENER					FEBRER				MARÇ					ABRIL				MAIG					JUNY			
CAP SETMANA	11	18	25	2	9	16	23	30	6	13	20	27	4	11	18	25	1	8	15	22	29	5	12	19	26	5	12	19	26	2	9	16	23	30	7	14	21	28	4	11	18	25
SETMANA Nº	1	2	3	4	5	6	7	8	9	10	11	12	13	14	15	16	17	18	19	20	21	22	23	24	25	26	27	28	29	30	31	32	33	34	35	36	37	38	39	40	41	42
ASPECTE TÀCTIC				L									N																	S												F

ATAC
- Posició ofensiva
- Transició
- Zones de joc
- Fonaments ofensius
- Rondo tàctic en zona 1
- Rondo tàctic en zona 2
- Rondo tàctic en zones 1 i 2
- Acció combinada

DEFENSA
- Posició defensiva
- Fonaments defensius
- Situació defensiva 1x1+porter
- Situació defensiva 1x2+porter
- Situació defensiva 2x2+porter
- Situació defensiva 2x3+porter

ESTRATÈGIA
- Córners a favor
- Córners en contra
- Faltes a favor a la vora de l'àrea
- Serveis de banda

TEST TÀCTIC

Taula nº 45: Model de planificació tàctica per a benjamins

BENJAMÍ - PLANIFICACIÓ FÍSICA - TEMPORADA 2005/06

MES	SETEMBRE			OCTUBRE				NOVEMBRE				DESEMBRE				GENER					FEBRER				MARÇ					ABRIL				MAIG				JUNY				JULIOL				AGOST				S
CAP SETMANA	11	18	25	2	9	16	23	30	6	13	20	27	4	11	18	25	1	8	15	22	29	5	12	19	26	5	12	19	26	2	9	16	23	30	7	14	21	28	4	11	18	25	2	9	16	23	30	6	13	20	27	3
SETMANA Nº	1	2	3	4	5	6	7	8	9	10	11	12	13	14	15	16	17	18	19	20	21	22	23	24	25	26	27	28	29	30	31	32	33	34	35	36	37	38	39	40	41	42	43	44	45	46	47	48	49	50	51	52

Taula nº 45: Model de planificació tàctica per a benjamins

Abreviatures:
- AEL-AEG: aeròbic lipolític-aeròbic glucolític
- VR: velocitat de reacció
- ET: entrenament tècnic-tàctic
- P (gris): partit amistós
- P: partit de lliga
- : dia de descans

Taula nº 47: Planificació de l'àrea de preparació psicològica per benjamins.

ASPECTE PSICOLÒGIC		PRE-TEMPORADA		TEMPORADA		
Sistema d'avaluació conductual dels entrenadors (SECE/CBAS)			APLICACIÓ		APLICACIÓ	APLICACIÓ
Actuació als entrenaments	Normes de comportament			APLICACIÓ		
	Motivació			APLICACIÓ		
	Entrevistes i reunions amb els jugadors			APLICACIÓ		
	Número de jugadors a la plantilla			APLICACIÓ		
Actuació als partits	Actuació als moments previs a la competició		FAMILIARITZACIÓ		APLICACIÓ	
	Actuació durant el partit			APLICACIÓ		
	Actuació després del partit			APLICACIÓ		

7.2.2. Alevins.

7.2.2.1. Model de microcicle.

En aquesta categoria es segueixen proposant 3 entrenaments setmanals, però d'una hora i 15 minuts de durada i el mateix model de microcicle que en benjamins.

7.2.2.2. Model de planificació.

Les taules n. 48, 49 i 50 mostren un full de planificació per a l'àrea tàctica, per la de condició física i per a la psicològica, respectivament.

Observi's que es van introduint nous continguts d'entrenament a cada àrea.

ALEVÍ - PLANIFICACIÓ TÀCTICA - TEMPORADA 2005/06

		MES	SETEMBRE				OCTUBRE					NOVEMBRE				DESEMBRE				GENER					FEBRER				MARÇ				ABRIL				MAIG				JUNY			
		CAP SETMANA	4	11	18	25	2	9	16	23	30	6	13	20	27	4	11	18	25	1	8	15	22	29	5	12	19	26	5	12	19	26	2	9	16	23	30	7	14	21	28	4	11	18	25
		SETMANA Nº	1	2	3	4	5	6	7	8	9	10	11	12	13	14	15	16	17	18	19	20	21	22	23	24	25	26	27	28	29	30	31	32	33	34	35	36	37	38	39	40	41	42	43
	ASPECTE TÀCTIC					L											N																	S								F			
ATAC	PO																																													
	Transició																																													
	Zones de joc																																													
	Filosofia del joc d'atac																																													
	Fonaments ofensius																																													
	Rondo tàctic en zones 1 i 2																																													
	Rondo tàctic en zona 2																																													
	Jugades d'atac organitzat																																													
DEFENSA	Filosofia de la defensa en zona																																													
	Posició defensiva																																													
	Fonaments defensius																																													
	Treball de cobertura i permuta																																													
	Treball 1x1																																													
	Treball 2x1																																													
	Treball 3x2																																													
	Treball 4x3																																													
	Treball 6x4																																													
ESTRATÈGIA	Córners a favor																																													
	Córner en contra																																													
	Faltes a la vora de l'àrea																																													
	Faltes en zona 3 escorada																																													
	Serveis de banda en zona 3																																													
	TEST TÀCTIC																																													

Taula nº 48: Model de planificació tàctica per a alevins

Taula nº 48: Model de planificació física per a alevins

Taula nº 50: Planificació de l'àrea de preparació psicològica per a alevins.

ASPECTE PSICOLÒGIC		PRE-TEMPORADA			TEMPORADA		
Sistema d'avaluació conductual dels entrenadors (SECE/CBAS)				APLICACIÓ	APLICACIÓ		APLICACIÓ
Actuació als entrenaments	Normes de comportament			APLICACIÓ			
	Motivació			APLICACIÓ			
	Preparar partits					APLICACIÓ	
	Entrevistes i reunions amb els jugadors			APLICACIÓ			
	Número de jugadors a la plantilla			APLICACIÓ			
Actuació als partits	Actuació als moments previs a la competició			FAMILIARITZACIÓ		APLICACIÓ	
	Actuació durant el partit			APLICACIÓ			
	Actuació després del partit			APLICACIÓ			

7.2.3. Infantils.

7.2.3.1. Model de microcicle.

Comencem en aquesta categoria a realitzar 4 entrenaments a la setmana d'una hora i 15 minuts. El model de microcicle serà, tal com mostra la taula nº 51, diferent a l'utilitzat fins llavors.

Taula nº 51: Model de microcicle per l'entrenament amb infantils.

ÀREA	DILLUNS	DIMARTS	DIMECRES	DIJOUS	DIVENDRES	DISABTE	DIUMENGE
TÈCNICA	MANTENIR POSSESSIÓ	TECNIFICACIÓ		PROGRESAR	FINALITZAR		
TÀCTICA	ATAC			DEFENSA	ESTRATÈGIA PREPARACIÓ PARTIT	PARTIT	
CONDICIÓ FÍSICA	FORÇA	RESISTÈNCIA		VELOCITAT			
PSICOLÒGICA		ENTRENAMENT EN CAMP					

7.2.3.2. Model de planificació.

Les taules n. 52, 53 i 54 mostren un full de planificació per a l'àrea tàctica, per la de condició física i per a la psicològica, respectivament.

A nivell físic, a partir d'infantils comencen a utilitzar-se microcicles d'impacte (càrregues més elevades), així com l'entrenament de força, mitjançant el treball de condicionament físic general (CFG) i força elàstic-explosiva (FEE).

D'altra banda, s'introdueix el treball psicològic mitjançant tasques en el propi terreny de joc.

INFANTIL - PLANIFICACIÓ TÀCTICA - TEMPORADA 2005/06

MES	A	SETEMBRE			OCTUBRE				NOVEMBRE				DESEMBRE				GENER					FEBRER				MARÇ					ABRIL				MAIG					JUNY			
CAP SETMANA	28	4	11	18	25	2	9	16	23	30	6	13	20	27	4	11	18	25	1	8	15	22	29	5	12	19	26	5	12	19	26	2	9	16	23	30	7	14	21	28	4	11	18	25
SETMANA Nº	1	2	3	4	5	6	7	8	9	10	11	12	13	14	15	16	17	18	19	20	21	22	23	24	25	26	27	28	29	30	31	32	33	34	35	36	37	38	39	40	41	42	43	44
ASPECTE TÀCTIC						L												N														S										F		

ATAC
- PO
- Transició
- Zones de joc
- Filosofia del joc d'atac
- Fonaments ofensius
- Rondo tàctic en zones 1 i 2
- Rondo tàctic en zona 2
- Rondo tàctic en zones 2 i 3
- Rondo tàctic en zones 1, 2 i 3
- Jugades d'atac organitzat

DEFENSA
- Filosofia de la defensa en zona
- Posició defensiva
- Fonaments defensius
- Treball de cobertura i permuta
- Treball 1x1
- Treball 2x1
- Treball 3x2
- Treball 4x3
- Treball 6x4
- Treball 8x6
- Treball 10x8
- Posició de l'equip amb respecte la pilota

ESTRATÈGIA
- Córners a favor
- Córner en contra
- Faltes a la vora de l'àrea
- Faltes en zona 3 escorada
- Faltes de jugada
- Servei de banda en zona 3
- Servei de centre

TEST TÀCTIC

Taula nº 52: Model de planificació tàctica per infantils

Taula nº 53: Model de planificació física per a infantils

Taula nº 54: Planificació de l'àrea de preparació psicològica per a infantils.

ASPECTE PSICOLÒGIC		PRE-TEMPORADA			TEMPORADA	
Sistema d'avaluació conductual dels entrenadors (SECE/CBAS)			APLICACIÓ		APLICACIÓ	APLICACIÓ
Actuació als entrenaments	Normes de comportament			APLICACIÓ		
	Motivació			APLICACIÓ		
	Entrevistes i reunions amb els jugadors			APLICACIÓ		
	Número de jugadors a la plantilla			APLICACIÓ		
Actuació als partits	Actuació als moments previs a la competició			FAMILIARITZACIÓ	APLICACIÓ	
	Actuació durant el partit			APLICACIÓ		
	Actuació després del partit			APLICACIÓ		

7.2.4. Cadets.

7.2.4.1. Model de microcicle.

En cadets seguim entrenant 4 vegades per setmana (taula nº 55), però la durada de les sessions passa a ser d'una hora i mitja. L'entrenament de tecnificació només el farem servir els divendres per treballar el tir amb el peu i amb el cap, i en cas que sigui necessari per realitzar correccions sobre algun gest tècnic diferent.

Taula nº 55: Model de microcicle per a l'entrenament amb cadets.

ÀREA	DILLUNS	DIMARTS	DIMECRES	DIJOUS	DIVENDRES	DISABTE	DIUMENGE
TÈCNICA		MANTENIR POSSESSIÓ	FINALITZAR	PROGRESAR	TECNIFICACIÓ (tir amb el peu/ tir amb el cap/ correccions)	PARTIT	
TÀCTICA		ATAC		DEFENSA	ESTRATÈGIA		
CONDICIÓ FÍSICA		FORÇA	RESISTÈNCIA	VELOCITAT	PREPARACIÓ PARTIT		
PSICOLÒGICA			ENTRENAMENT EN CAMP				

7.2.4.2. Model de planificació.

Les taules n. 56, 57 i 58 mostren una fulla de planificació per a l'àrea tàctica, per la de condició física i per a la psicològica, respectivament.

Destaca, a l'àrea de condició física, la inclusió d'entrenament de força màxima (FM) mitjançant el treball en gimnàs amb màquines de musculació. Quant a l'àrea psicològica, es comença a treballar amb tècniques de relaxació i de visualització.

CADET - PLANIFICACIÓ TÀCTICA - TEMPORADA 2005/06

MES	AGOST		SETEMBRE				OCTUBRE				NOVEMBRE				DESEMBRE				GENER				FEBRER				MARÇ				ABRIL				MAIG				JUNY			
FIN SEMANA	14	21	28	4	11	18	25	2	9	16	23	30	6	13	20	27	4	11	18	25	1	8	15	22	29	5	12	19	26	5	12	19	26	2	9	16	23	30	7	14	21	28	4	11	18
SEMANA Nº	1	2	3	4	5	6	7	8	9	10	11	12	13	14	15	16	17	18	19	20	21	22	23	24	25	26	27	28	29	30	31	32	33	34	35	36	37	38	39	40	41	42	43	44	45
ASPECTO TÀCTICO	L																N																	S									F		

ATAC
- PO
- Transició
- Zones de joc
- Filosofia del joc d'atac
- Estructura 2
- Fonaments ofensius
- Rondo tàctic en zones 1 i 2
- Rondo tàctic en zona 2
- Rondo tàctic en zones 2 i 3
- Rondo tàctico en zones 1, 2 i 3
- Jugades d'atac organitzat

DEFENSA
- Filosofia de la defensa en zona
- Posicions defensives
- Fonaments defensius
- Treball de cobertura i permuta
- Treball 1x1
- Treball 2x1
- Treball 3x2
- Treball 4x3
- Treball 6x4
- Treball 8x6
- Treball 10x8
- Posició de l'equip amb respecte la pilota
- Flexing de seguretat
- Vigilàncies

ESTRATÈGIA
- Còrners a favor
- Còrner en contra
- Faltes a la vora de l'àrea
- Faltes en zona 3 escorada
- Faltes de jugada
- Estratègia defensiva davant pilotes aèries
- Serveis de banda en zona 3
- Servei de centre

TEST TÀCTIC

Taula nº 56: Model de planificació tàctica per cadets

Taula nº 57: Model de planificació física per a cadets

Taula nº 58: Planificació de l'àrea de preparació psicològica per cadets.

ASPECTE PSICOLÒGIC		PRE-TEMPORADA			TEMPORADA		
Sociograma				APLICACIÓ			
Sistema d'avaluació conductual dels entrenadors (SECE/CBAS)				APLICACIÓ	APLICACIÓ		APLICACIÓ
Qüestionari de característiques psicològiques relacionades amb l'alt rendiment esportiu (CPRD)				APLICACIÓ		APLICACIÓ	
Ajut en la recuperació de lesions				APLICACIÓ			
Actuació als entrenaments	Normes de comportament			APLICACIÓ			
	Motivació			APLICACIÓ			
	Preparar partits					APLICACIÓ	
	Entrevistes i reunions amb els jugadors			APLICACIÓ			
	Número de jugadors a la plantilla			APLICACIÓ			
	Relaxació autògena de Schultz i visualització		FAMILIARITZACIÓ			APLICACIÓ	
	Entrenament psicològic al camp: tasques pràctiques				FAMILIARITZACIÓ	APLICACIÓ	
Actuació als partits	Actuació als moments previs a la competició		FAMILIARITZACIÓ			APLICACIÓ	
	Actuació durant el partit				APLICACIÓ		
	Actuació després del partit				APLICACIÓ		

7.2.5. Juvenils.

7.2.5.1. Model de microcicle.

Amb l'objectiu de preparar al futbolista per al futbol professional, es comença a entrenar cinc vegades per setmana, amb una durada d'una hora i mitja per sessió, utilitzant un model de microcicle similar al dels futbolistes d'elit (taula nº 59). Veiem que el primer dia es fa únicament un treball tècnic i de recuperació. El dia de descans és el dimarts, i el dissabte al matí es realitza una suau sessió d'entrenament, ja que els partits es juguen normalment en diumenge.

Taula nº 59: Model de microcicle per a l'entrenament amb juvenils.

ÀREA	DILLUNS	DIMARTS	DIMECRES	DIJOUS	DIVENDRES	DISSABTE	DIUMENGE
TÈCNICA	MANTENIR POSSESSIÓ		FINALITZAR	PROGRESAR	TECNIFICACIÓ (tir amb el peu/ tir amb el cap/		PARTIT
TÀCTICA				ATAC		DEFENSA	ESTRATÈGIA
							PREPARACIÓ PARTIT
CONDICIÓ FÍSICA	RECUPERACIÓ		FORÇA	RESISTÈNCIA	VELOCITAT		
PSICOLÒGICA				ENTRENAMENT AL CAMP			

7.2.5.2. Model de planificació.

Les taules n. 60 i 61 mostren una fulla de planificació per a l'àrea tàctica i per la de condició física, respectivament. A nivell psicològic es treballen els mateixos continguts que en cadets. Com pot observar-se, s'arriba al màxim nivell de treball de tota l'etapa de formació en el futbol base en cadascuna de les àrees.

JUVENIL - PLANIFICACIÓ TÀCTICA - TEMPORADA 2005/06

MES	J	AGOST				SETEMBRE				OCTUBRE					NOVEMBRE				DESEMBRE				GENER					FEBRER				MARÇ					ABRIL				MAIG				JUNY	
CAP SETMANA	31	7	14	21	28	4	11	18	25	2	9	16	23	30	6	13	20	27	4	11	18	25	1	8	15	22	29	5	12	19	26	5	12	19	26	2	9	16	23	30	7	14	21	28	4	11
SETMANA Nº	1	2	3	4	5	6	7	8	9	10	11	12	13	14	15	16	17	18	19	20	21	22	23	24	25	26	27	28	29	30	31	32	33	34	35	36	37	38	39	40	41	42	43	44	45	46
ASPECTE TÀCTIC						L													N																											F

ATAC
- PO
- Transició
- Zones de joc
- Filosofia del joc d'atac
- Estructura 2
- Fonaments ofensius
- Rondo tàctic en zones 1 i 2
- Rondo tàctic en zona 2
- Rondo tàctic en zones 2 i 3
- Rondo tàctic en zones 1, 2 i 3
- Jugades d'atac organitzat
- Contraatac

DEFENSA
- Filosofia de la defensa en zona
- Posicions defensives
- Fonaments defensius
- Treball de cobertura i permuta
- Treball 1x1
- Treball 2x1
- Treball 3x2
- Treball 4x3
- Treball 6x4
- Treball 8x6
- Treball 10x8
- Posició de l'equip amb respecte la pilota
- Flexing de seguretat
- Vigilàncies

ESTRATÈGIA
- Córners a favor
- Córner en contra
- Faltes a la vora de l'àrea
- Faltes en zona 3 escorada
- Faltes de jugada
- Estratègia defensiva davant pilotes aèries
- Serveis de banda en zona 3
- Servei de centre

TEST TÀCTIC

Taula nº 60: Model de planificació tàctica per a juvenils

Taula nº 61: Model de planificació física per a juvenils

8. Bibliografia.

Alonso, A. (1995). Estrategia ofensiva en fútbol. Gymnos. Madrid.

Alonso, A. (1996). Fútbol: entrenamiento de los contraataques. Wanceulen. Sevilla.

Alter, M.J. (1990). Enciclopedia técnica del fútbol. (Volumen VIII). Paidotribo. Barcelona.

Alvarado, R. Manual para aplicación de baterías de tests. www.entrenadores.info.

Álvarez del Villar, C. (1983). La preparació física del fútbol basada en el atletismo. Gymnos. Madrid.

Álvaro, J; Sánchez, F. (2004). Planificación del entrenamiento en deportes de equipo. Apuntes del módulo 2.7 del Master en Alto Rendimiento Deportivo. Segundo curso. Comité Olímpico Español/Universidad Autónoma de Madrid. Madrid.

Anderson, B. (1984). Como rejuvenecer el cuerpo estirándose. Integral. Barcelona.

Buceta, J.M. (2000). Psicología. Curso nivel 2. Real federación española de fútbol. Madrid.

Buceta, J.M. (1999). Psicología. Curso nivel 3. Real federación española de fútbol. Madrid.

Castelo, J. (2008). Modelo de juego: ejercicios específicos de entrenamiento. Apuntes del módulo 3 del Curso de Especialista en Táctica y Dirección de Equipos de Fútbol. Centro de Estudios Superiores de Fútbol/Instituto Universitario de Ciencias del Deporte de la Universidad de Murcia.

Cimolini, H. Proyecto para divisiones inferiores. www.entrenadores.info.

Expósito, J. (2005). Estrategias psicológicas en el proceso de recuperación del futbolista lesionado. Training fútbol. 109: 34-42.

Fradua, L; Sánchez, D.L. (2001). La planificación en el fútbol base: modelo aplicativo de planificación integral. Training fútbol. 63: 26-41.

Frattarola, C; Sagrera, S; Sans, A. (1996). La etapa de iniciación del joven futbolista. Training fútbol. 46: 26-46.

Frattarola, C; Sans, A. (2002). Fútbol base: planificación por objetivos. Training fútbol. 71: 26-43.

García, J; Navarro, F. (2003). Metodología del entrenamiento para el desarrollo de la resistencia. Apuntes del módulo 2.2 del Master en Alto Rendimiento Deportivo. Primer curso. Comité Olímpico Español/Universidad Autónoma de Madrid. Madrid.

García, T. (2003). Propuesta de trabajo de la atención y concentración mediante entrenamiento integrado. Training fútbol. 93: 22-31.

García-Verdugo, M; Navarro, F. (2004). Programación del entrenamiento de la resistencia. Apuntes del Módulo 2.5 del Master en Alto Rendimiento Deportivo. Segundo curso. Comité Olímpico Español/Universidad Autónoma de Madrid. Madrid.

Gimeno, F., Buceta, J.M. y Pérez-Llantada, M.C. (2001). El cuestionario "Características Psicológicas relacionadas con el Rendimiento Deportivo" (CPRD): Características psicométricas. Análise Psicològica. 1(vol. 19): 93-113.

González, J.J; Martínez, J.L; Vélez, M. (2004). Programación del entrenamiento de la fuerza. Apuntes del módulo 2.6 del Master en Alto Rendimiento Deportivo. Segundo curso. COE/UAM. Madrid.

González, J.J; Gorostiaga, E. (2003). Metodología del entrenamiento para el desarrollo de la fuerza. Apuntes del módulo 2.3 del Master en Alto Rendimiento Deportivo. Primer curso. Comité Olímpico Español/Universidad Autónoma de Madrid. Madrid.

Herráez, B. Proyecto fútbol base. pagina-web.de/bernabeherraez/.

Herráez, B. Sistemas habituales en fútbol 7. www.entrenadores.info.

Iriarte, S. (2000). La evolución del aprendizaje específico en función de la edad. Training fútbol. 52: 36-50.

Lavarello, J.R. (2005). Estudio comparativo de los niveles medidos por el CPRD entre dos grupos etáreos de las divisiones menores de dos equipos de primera división. www.PsicologiaCientifica.com.

Lillo, J. (2000). Aspectos del entrenamiento del joven futbolista en su formación. Training fútbol. 48: 18-33.

Marco, O; Viñas, A. (2002). Metodología aplicada. Apuntes del Curso de Entrenador Nacional de fútbol. Escola catalana d'entrenadors. Barcelona.

Martens, R; Christina, R.W; Harvey, J.S; Sharkey, B.J. (1989). El entrenador. Nociones sobre psicología, pedagogía, fisiología y medicina para conocer el éxito. Hispano Europea. Barcelona.

Martín, R. (2004). Metodología y programación del entrenamiento de la velocidad. Apuntes del Módulo 2.4 del Master en Alto Rendimiento Deportivo. Segundo curso. Comité Olímpico Español/Universidad Autónoma de Madrid. Madrid.

Meléndez, G. (2000). Estructura del fútbol base en un club modesto. Training fútbol. 47: 34-44.

Montón, A. (2000). Propuesta de organización y metodología para el entrenamiento en los equipos filiales de un club de fútbol. Training fútbol. 55: 26-39.

Moreno, M. (1999). Técnica individual y colectiva. Curso nivel 1. Real federación española de fútbol. Madrid.

Moreno, M. (1996). Técnica individual y colectiva. Curso nivel 2. Real federación española de fútbol. Madrid.

Moreno, M. (1998). Técnica individual y colectiva. Curso nivel 3. Real federación española de fútbol. Madrid.

Moreno, M. (1999). Táctica. Estrategia. Sistemas de juego. Curso nivel 1. Real federación española de fútbol. Madrid.

Moreno, M. (1996). Técnica individual y colectiva. Curso nivel 2. Real federación española de fútbol. Madrid.

Moreno, M. (1998). Táctica. Sistemas de juego. Curso nivel 3. Real federación española de fútbol. Madrid.

Moreno, R; Morcillo, J. (2004). La enseñanza del fútbol en las escuelas deportivas de iniciación. Gymnos. Madrid.

Navarro, F. (2003). Bases del entrenamiento y su planificación. Apuntes del módulo 2.1 del Master en Alto Rendimiento

Deportivo. Primer curso. Comité Olímpico Español/Universidad Autónoma de Madrid. Madrid.

Orellana, R.A. (1995). Fútbol: fichas para el calentamiento y vuelta a la calma. Wanceulen. Sevilla.

Pearl, B. (1990). Enciclopedia técnica del fútbol. (Volumen VII). Paidotribo. Barcelona.

Pou, S. (2000). Metodología para la aplicación del sistema de juego 1-4-4-2 en toda la sección de fútbol base de un club de fútbol. Apuntes de coordinación de la sección de fútbol base. Centre d'Esports L'Hospitalet. Barcelona.

Ruiz, A. (2004). Planificación integral de contenidos en categoría infantil desde un modelo comprensivo del aprendizaje. Training fútbol. 103: 34-43.

Ruiz, A. (2004). Propuesta de planificación integral de contenidos de fútbol para categoría alevín. Training fútbol. 102: 36-43.

Ruiz, J.G. (2001). El entrenamiento de la fuerza en el fútbol. Agonos. Lérida.

Ruiz, R. (2003). Escuelas deportivas fútbol: propuesta de funcionamiento práctico. Training fútbol. 89: 40-43.

Vega, R. de la (2004). Evaluación y entrenamiento de las habilidades psicológicas inmersas en el A.R.D. Apuntes del Módulo 3.7 del Master en Alto Rendimiento Deportivo. Segundo curso. Comité Olímpico Español/Universidad Autónoma de Madrid. Madrid.

Vega, R. de la (2003). Factores psicológicos que influyen en el alto rendimiento deportivo. Apuntes del Módulo 3.6 del Master en Alto Rendimiento Deportivo. Primer curso. Comité Olímpico Español/Universidad Autónoma de Madrid. Madrid.

Wanceulen, A. (1982). Las escuelas de fútbol. Esteban Sanz Martínez. Sevilla.

Weineck, E.J. (1994). Fútbol total. El entrenamiento físico del futbolista. Paidotribo. Barcelona.

www.ingramcontent.com/pod-product-compliance
Lightning Source LLC
Chambersburg PA
CBHW081147230426
43664CB00018B/2838